liebevoll
& kernig

Mit liebevoller Empfehlung
Christian [illegible]

Wolfgang Kern

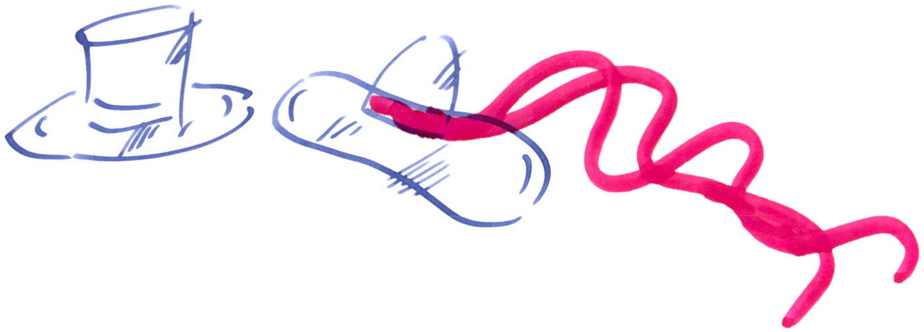

liebevoll & kernig

Christa Lieb
Wolfgang Kern

Ludwigsburger
Stadtgeschichten
aus dem 19. Jahrhundert

Christa Lieb.
Wolfgang Kern.
liebevoll und kernig.

Herausgegeben von der
Ludwigsburger Kreiszeitung.

Satz, Druck und Verlag:
Ungeheuer + Ulmer KG GmbH+Co.
Verlag. Druckerei. Plakatinstitut. Ludwigsburg.

Geschichten: Christa Lieb.
Illustrationen: Wolfgang Kern.
Gestaltung: Valentin Köpke.
Umschlag,
Vor- und Nachsatz: Wolfgang Kern.
Gedruckt auf Infinity-Silk-Papier.

Körnerstraße 14–18, 71634 Ludwigsburg.
Telefon (07141) 130-0.

ISBN 978-3-946061-24-3

Inhalt

Christa Lieb
ist leidenschaftlich an historischen
Begebenheiten interessiert.

Dabei sind es die frühen Ausgaben
des Ludwigsburger Tagblatts,
der heutigen Ludwigsburger Kreiszeitung,
die den Stoff liefern.

Geschichten, Begebenheiten, Anekdoten –
das Leben hat sie geschrieben,
die Zeitung hat berichtet,
und die Autorin hat dies alles aufgefunden
und schreibend nacherzählt.

Wolfgang Kern
Maler und Grafiker,
stammt von des Neckars Quelle,
künstlerisch vielfach unterwegs,
aber in Ludwigsburg daheim.

Doch nicht zuletzt vom Stoff
der Ludwigsburger Geschichten
und der Leidenschaft der Autorin infiziert.

So gehen die Bilder am Wort entlang.
Gezeichnet setzen sie die Berichte in Szene.

Flott im Strich und illustrativ
mit leichter Hand in Farbe getaucht,
wird so ein Ludwigsburger
Bilderbogen ausgearbeitet.

Vorwort

Eine Suppe aus Maikäfern, die ersten Radfahrer in der Stadt oder der Alltag der letzten Nachtwächter: Das Ludwigsburg des 19. Jahrhunderts ist voller spannender, kurioser, aber auch tragischer Geschichten. Ein Großteil von ihnen war lange vergessen. Wer weiß heute noch, dass es auf Ludwigsburgs Straßen ein Rauchverbot gab? Oder dass die einfachen Bürger mit Laub ihre Bettwäsche füllten? Auch die Diskussion um die Ludwigsburger Stadtmauer kennt heute kaum noch jemand.

Christa Lieb ist es zu verdanken, dass all diese Geschichten wieder aufgetaucht sind. Seit dem Sommer 2014 hat die Autorin die historischen Bände der Ludwigsburger Kreiszeitung aus dem 19. Jahrhundert durchgearbeitet. Ausgabe für Ausgabe, Seite für Seite. Es gibt wohl Niemanden, der tiefer in das Ludwigsburg des 19. Jahrhunderts eingetaucht ist als Christa Lieb. Alle interessanten Ereignisse, Entwicklungen und Debatten hat sie gesammelt, notiert und damit dem Vergessen entrissen. Daraus ist die Zeitungsserie „Ludwigsburger Stadtgeschichten aus dem 19. Jahrhundert“ entstanden, die zum 200. Geburtstag der Ludwigsburger Kreiszeitung im Jahr 2018 veröffentlicht wurde. Bei den Texten wurde nichts dazu erfunden oder dazu gedichtet. Einzige Quelle sind die historischen Ausgaben der Zeitung. Die spannendsten Stadtgeschichten hat Christa Lieb in diesem besonderen Band versammelt.

Ludwigsburg im 19. Jahrhundert, da gibt es viel mehr als nur das Schloss, den Adel oder die vielen Soldaten zu entdecken. In den Zeitungen von damals spiegeln sich auch die Sorgen, Themen und Ideen der ganz normalen Bürger wider, egal ob wohlhabend oder arm. Tierquälerei, soziale Probleme oder die Erziehung der Kinder, das alles wurde von den Menschen dieser Stadt schon vor 200 Jahren in der Zeitung diskutiert. Die Stadtgeschichten zeigen das vielseitige Engagement der Bürger und das Entstehen einer politischen Öffentlichkeit mit Hilfe der Zeitung. Und es wird davon erzählt, dass es in Ludwigsburg schon immer besonders ideenreiche Geschäftsfrauen und -männer gab.

Natürlich waren es auch immer kuriose Ereignisse, Unglücke oder schwere Straftaten, die die Menschen in Ludwigsburg in ihren Bann zogen. Etwa die erste Ballonfahrt mit Wilhelm Lotter. Oder der Mord an Müller Johannes Medinger. Auch der Brand bei Kaufmann Vetter sorgte 1851 für Schlagzeilen.

Illustriert wurden die „Ludwigsburger Stadtgeschichten“ von dem Grafiker und Illustrator Wolfgang Kern. Oftmals frech und immer mit viel Liebe zum Detail hat er eine passende Bildsprache für die Ereignisse jener Zeit gefunden.

Die hier abgedruckten Geschichten und Bilder lassen eine längst vergangene Ludwigsburger Epoche wieder lebendig werden. Sie erzählen aus ungewohnter Perspektive von einer lebhaften und spannenden Stadt.

Christian Walf

Auf eine Ziegenmilch in den Badgarten

1826 eröffnet eines der ersten Lokale in Ludwigsburg: der Badgarten. Er startet als Badeanstalt, der Besitzer bietet aber bald auch Getränke und Musik an. Der Badgarten wird schnell einer der beliebtesten Treffpunkte der Stadt. Dann folgt ein Schicksalsschlag.

Am 1. Juli 1826 eröffnet der herrschaftliche Brunnenmacher Gottlob Lutz „mit höchster Bewilligung“ in seinem neu erbauten Haus seine Badeanstalt. Die liegt inmitten eines an die Königlichen Anlagen (heute Blühendes Barock) anstoßenden, großen Gartens. In der Zeitung bewirbt er sein Angebot mit den Worten: „Der untere Stock des Hauses ist massiv, der obere von Holz erbaut und enthält ein doppeltes und 7 einfache Badezimmer. Die Wasserleitungen, welche das Wasser in die Badewannen führen, sind von bleiernen Röhren. Dieses Badewasser entspringt unweit des Bade-

hauses im Garten, welches durch 2 Pumpwerke in die kupfernen Wärmekessel gebracht werden kann, von welchem der eine 1500 l, der andere 300 l hält." Alle Badewannen sind mit doppelten Messinghähnen versehen. Dadurch kann sowohl warmes als auch kaltes Wasser eingelassen werden. Der Preis eines Bades liegt bei 18 Kreuzern. Drei Kreuzer Trinkgeld werden extra berechnet. Wer ein Tuch verlangt, muss weitere drei Kreuzer aufbringen. Natürlich soll niemand beim Bade auf dem Trockenen sitzen. Daher bietet Gottlob Lutz Erfrischungen wie Wein und Bier im Badhaus und im angrenzenden Garten an.

Luxus pur: Es gibt warmes Wasser

Eine Beschreibung des Gartens liefert er in seiner Anzeige gleich mit: „Der Garten ist mit sehr schönen und fruchtbaren Obstbäumen versehen, er hält im Meß 2 Morgen (6300 m²), und ist nach der neuesten und geschmackvollsten Art angelegt, hat 2 Pavillons, eine Laube, eine bedeckte Kugelbahn, ein Orchester und ungefähr 40 Gartentische nebst Sitzen, ein Bassin und Fischbehälter. Die Quelle zu dem benötigten Wasser entspringt im Garten und ist unerschöpflich."

Diese Nachrichten lassen die Herzen der Ludwigsburger höherschlagen. Schnell steigt der Badgarten zur ersten Adresse unter den Gartenwirtschaften auf. Konkurrenten sind damals der Rathausgarten, eine Gartenwirtschaft in der Nähe des Arsenalplatzes und der am Osterholztor befindliche Garten.

Eine Dame ist vom Badgarten sogar dermaßen angetan, dass sie am 26. Juni 1827 annonciert: „Eine Frau sucht Gesellschaft, um alle Morgen in das Lutz'sche Bad zu fahren".

Gastgeber Gottlob Lutz und seine Frau tun alles dafür, damit ihre Badeanstalt den Ludwigsburgern gefällt. Samstags und sonntags – manchmal auch unter der Woche – organisieren sie musikalische Unterhaltung, etwa Blechbläsermusik, die viele Besucher anlockt. Selbst das „2. Königlich Bayerische Jägerbataillon" aus Landau erfreut mit einer großen musikalischen Abendunterhaltung seine Gäste. Bis September 1829 ist der Lutz'sche Badgarten ein sehr beliebtes Ausflugsziel. Doch dann trifft den Inhaber ein Schicksalsschlag. Am 15. September 1829 stirbt seine Frau an Tuberkulose.

Was es damals bedeutet, seine Frau zu verlieren, wenn man fünf unmündige Kinder hat (die jüngste Tochter ist damals gerade drei Jahre alt), wird in der tragischen Entwicklung innerhalb der Familie Lutz deutlich. Der Einsatz der Frau war für das Wohlergehen des Geschäftes unersetzlich.

Für Gottlob Lutz heißt das letztlich: Verkauf des Badgartens. „Durch den eingetretenen Tod meiner Ehefrau sehe ich mich veranlasst, meinen vor ein paar Jahren neu errichteten Bad- und Wirtschaftsgarten im öffentlichen Aufstreich zu verkaufen", so annonciert er dreimal vergeblich in der Zeitung. Einige Monate später gelingt ihm dann doch noch der Umschwung: Am 21. Februar 1830 heiratet Gottlob Lutz die Witwe des Hirschwirts Häcker, Auguste Salome Häcker, aus Kirchheim am Neckar. Eine gute Partie. Die Wirtsfrau versteht ihr Handwerk. Das Paar schafft es, dass am 1. Mai 1830 der Badgarten neu eröffnet. Neben seinem Badeangebot im Haus und dem in jeder Hinsicht gut ausgestatteten Garten bewegen Gottlob Lutz aber noch andere Ideen, seinen Garten attraktiver zu machen.

Am 15. Juni 1830 steigt der Lutz'sche Badgarten zum „Kurbetrieb“ auf. „Auf mehrseitiges Verlangen habe ich die Einrichtung getroffen, daß in meinem Garten vom 15. Juni 1830 an jeden Morgen zwischen 6 und 8 Uhr frische Ziegenmilch und sorgfältig zubereitete Molken getrunken werden können. Bei ungünstiger Witterung können diese Getränke nach Belieben entweder im oberen Lokal meines Gartenhauses genommen oder daselbst abgeholt werden. Ich bitte, Bestellungen zu geeigneter Zeit zu machen. Gottlob Lutz.“

Lutz bewegt sich damit auf der zHöhe der Zeit. Im 19. Jahrhundert entwickelt sich zunehmend das Kurwesen in Deutschland. Da, wo es keine Therme gibt, kommt Molke zum Einsatz. Jeder, der etwas auf sich hält, trinkt sie. Vor allem gegen Gicht und Darmbeschwerden soll Molke Wunder bewirken.

1836 übernimmt Karl Stotz den Badgarten.

Karl Stotz ist damals kein Unbekannter in Ludwigsburg, er gilt als unternehmerischer Geist, als Tausendsassa. Schon im Mai 1835 gründet er in Konkurrenz zum Badgarten die Gartenwirtschaft „Tivoli“. Unter seiner Regie gibt es im Badgarten jeden Tag einen Mittagstisch für 15 Kreuzer pro Person. Auch Gaismilch- und Molkenkuren sind bei ihm im Angebot.

Doch besonders lockt und erfreut er die Gäste mit Musik-Angeboten. Im Badgarten gibt es nun Parademärsche, Walzer von Strauß, Opern, Polonaisen und Romanzen für Verlobte. Der Eintritt kostet drei Kreuzer. Das Karlsbad erlebt jedoch nur eine einjährige Blütezeit unter Gastgeber Stotz. Der flotte Gastgeber verschwindet so schnell, wie er gekommen ist

und auf den Badgarten warten wieder schwierigere Tage.

Mehr schlecht als recht hält Inhaberin Auguste Lutz die Bäder und den Garten in Erinnerung der Ludwigsburger Bevölkerung, bis ihr ältester Sohn aus erster Ehe, Friedrich Häcker, im Sommer 1840 wenigstens den Garten übernimmt. Auch er veranstaltet regelmäßig Konzerte und lockt zudem Gäste mit Preis-Kegel-Schieben.

Am 25. April 1842 übernimmt er das gesamte Anwesen von seiner Mutter. Doch es ist schwer für ihn, wieder auf das Niveau seines Stiefvaters und seiner Mutter zu kommen. Zudem schießen Gastwirtschaften damals wie Pilze aus dem Boden. Die Konkurrenz ist groß. Noch im gleichen Jahr verabschiedet sich Friedrich Häcker nach Kornwestheim, wo er den Goldenen Hirsch übernimmt.

Seine Mutter, Auguste Lutz, kann altershalber die Geschäfte nicht fortführen und so fällt der Badgarten wieder in einen Dornröschenschlaf – diesmal für vier Jahre. Am 2. Juni 1844 stirbt der erste Badgartenwirt Johann Gottlob Lutz im Alter von 62 Jahren.

1846 folgt der nächste Betreiber

Am 30. April 1846 erwacht der Badgarten zu neuem Leben. „Von heute an ist das Bad eröffnet und kann zu jeder Tageszeit mit schneller und reinlicher Bedienung benützt werden; bei kühler Witterung wird jedoch höflich um Vorausbestellung der Bäder gebeten. Versehen mit gutem Wein und Flaschenbier, empfehle ich zugleich meine Haus- und Gartenwirtschaft, mit der Bitte um geneigten Zuspruch. Rivinius, Badwirth“, heißt es damals in der Zeitung. Und die Geschichte des Badgartens geht bis heute weiter.

Das Ende der Boten und Postkutschen

Bevor im Herbst 1846 die Eisenbahn ihren Siegeszug antrat, lagen das Transportwesen und die Nachrichtenübermittlung in der Verantwortung von Postkutschern, Fuhrmännern und vor allem Boten. Nicht nur Männer, sondern auch Frauen betrieben dieses Geschäft. Sie beförderten in Körben oder mit Handwagen meist zu Fuß Pakete, Dokumente, Wertbriefe, Geldsendungen und überbrachten sogar mündliche Nachrichten.

Die Boten – oder wie es im Schwäbischen heißt d'r Bott' – mussten sehr gut zu Fuß sein. Ihre Routen umfassten bis zu 30 Kilometer am Tag, das war eine große Herausforderung. Doch nicht nur zu Fuß, auch mit Pferd und Wagen ausgestattet versorgten die auswärtigen Boten ihre Aufträge. Daneben gab es reitende Boten, diese konnten jedoch nur kleine und leichte Mengen an Briefsendungen, mitunter auch Geldkuverts, in ihren Tragetaschen, die hinten am Sattel befestigt waren, transportieren. Da die Wege für die Boten oft beschwerlich waren, gab es unterwegs überall

Stellen zum Ausruhen. Die sogenannten Gruhen – hohe Steinbänke – zeugen noch davon. Im Landkreis Ludwigsburg soll es noch über 50 dieser Ruhebänke geben, die heute allesamt Kleindenkmäler sind. An ihnen konnten die fußgehenden Boten, Marktbeschicker und alle sonstigen Träger und Trägerinnen ihre Rückenlast absetzen und sich ausruhen. Jeder Stadtbote musste einen Eid schwören, dass er oder sie mit allen „anvertrauten Sachen pflichtmäßig umgehen" und sich „gegen Jedermann getreu und unparteiisch zeigen" werde. Voraussetzung für das Gewerbe, das von den Schultheißen-Ämtern genehmigt werden musste, war nicht nur ein guter Leumund, sondern man musste auch eine Kaution stellen. Zudem war es verpflichtend, ein Boten-Einschreibbuch zu führen, damit alles seine Ordnung hatte.

So wurde das Land-Botenwesen zwischen Ludwigsburg und Heilbronn beispielsweise am 22. November 1834 gegen eine Kaution von 300 Gulden an Jakob Lutz übertragen. 100 Gulden Kaution stellte 1838 der Bote Wilhelm Merz, der jeden Samstag von Waiblingen nach Ludwigsburg kam. Sein Absteigequartier in Ludwigsburg war der Metzger Schweizer in der Eberhardstraße. Die Landbötin Margarete Haug aus Esslingen, die von ihrem Mann getrennt lebte, konnte sich im März 1841 durch eine Kaution von 200 Gulden gegen einen männlichen Boten durchsetzen. Sie hatte ihr Quartier hinter der Stadtkirche und verließ Ludwigsburg jeden Dienstag, Donnerstag und Samstag morgens um sechs Uhr und kam abends gegen 20 Uhr von Esslingen zurück.

Der Gemeinde-Amtsbote Trauth von Asperg, der ab Mai 1849 täglich Ludwigsburg aufsuchte und in der Bischoff'schen Apotheke auf seine Kunden wartete, hatte eine Kaution von 100 Gulden gestellt.

Die Stadt Ludwigsburg stand in der ersten Hälfte des 19. Jahrhunderts über Boten mit Dutzenden Orten in direkter Verbindung: darunter nicht nur sämtliche Nachbargemeinden, sondern auch Städte wie Gmünd, Reutlingen, Schorndorf oder Urach. Zudem gab es den Ludwigsburger Stadtboten, der jeden Tag – ohne Ausnahme – morgens nach Stuttgart fuhr und abends zurückkam. 20 Jahre lang, von 1821 bis 1841, erledigte Ferdinand Mayer diese Aufgabe. Sein Fuhrpark war recht umfangreich: Vier Pferde, zwei viersitzige bedeckte Wagen, eine zweisitzige bedeckte Chaise, sowie ein zweispänniger Leiterwagen.

Er beförderte nicht nur Frachtgut, sondern auch Personen konnten mit ihm die Reise nach Stuttgart antreten. 1842 übernahm Anton Göttler den Botendienst nach Stuttgart, bis die Konkurrenz Eisenbahn ihm ab Oktober 1846 die Arbeit abnahm und seine Dienste damit überflüssig machte.

Die meisten Boten, die Ludwigsburg besuchten, konnten ohne besondere Vorkommnisse jahrelang

ihrem Geschäft nachgehen, doch es kam auch vor, dass sie beraubt wurden. Schlimm erging es im Oktober 1838 einem 70 Jahre alten Boten, dem 19 Gulden zehn Kreuzer gestohlen wurden. Da er den Betrag nur durch Abzüge an seinem sauer verdienten Botenlohn wieder ersetzen konnte, wurde in der Zeitung um milde Beiträge für ihn aufgerufen, fünf Gulden elf Kreuzer, immerhin ein Viertel seines Verlustes, wurden für ihn gespendet.

Noch ärger erwischte es den Boten Kurz vom Hohenasperg, dem am 21. Januar 1841 in seinem Haus insgesamt 81 Gulden aus einem verschlossenen Kästchen gestohlen wurden. Der Apotheker Bischoff aus Ludwigsburg rief um Spenden für ihn auf und es kamen insgesamt 35 Gulden 48 Kreuzer zusammen.

Als am 23. Januar 1846 der Neckarweihinger Amtsbote seinen Tragkorb mit einem darauf befestigten Ranzen in der Stubenrauch'schen Zigarrenfabrik in Ludwigsburg im Flur abstellte, um sich oben im Haus mit Tabak zu versorgen, fehlte ihm bei der Rückkehr ein versiegeltes Paket mit 100 Gulden. Trotz einer Belohnung von zehn Gulden, die das Königliche Oberamtsgericht aussprach, konnte der Dieb nicht ermittelt werden.

Einen allumsorgenden Sozialstaat gab es damals natürlich noch nicht. Boten, die krank wurden, kamen in existenzielle Nöte. Die Bötin Margarete Klein, die dienstags, donnerstags und samstags zwischen Ludwigsburg und Stammheim unterwegs war, musste wegen monatelanger Krankheit ihre Botengänge aufgeben. Dadurch kam die Familie in große Schwierigkeiten.

Und es passierten auch richtig schlimme Verbrechen. 1844 wurde der Bote Georg Hummel von Vaihingen Opfer eines Raubmordes. „Am Samstag, den 22. Juni 1844, fuhr abends 8 ½ Uhr Georg Hummel von Ludwigsburg heimwärts. Er kam auf dem Wege von Markgröningen aus etwa um 12 Uhr nachts in die Nähe des Pulverdingerhofes. In dieser Gegend wurde er erschlagen. Eine bedeutende Masse ergossenen Blutes, ein in zwei Stücke zersprungener Prügel, zeigten die Stätte der Tat." Der oder die Täter konnten nicht gefasst werden. Die Tat blieb ungesühnt.

Nachdem 1850 auch die Eisenbahnstrecke von Ludwigsburg über Bietigheim nach Heilbronn ihren Betrieb aufnahm, wurden auch die Boten, die Strecken nördlich von Ludwigsburg bedienten, in Mitleidenschaft gezogen. Besonders hart traf diese neue Transportmöglichkeit den Heilbronner Boten Jakob Lutz. Seit 1834 war er jeden Dienstag und Freitag um 10 Uhr vormittags von Ludwigsburg nach Heilbronn und von dort jeden Mittwoch und Samstag mittags um 12 Uhr retour unterwegs. Ab 1837 konnten auch Personen in seinem neuverfertigten Wagen, „der bequem eingerichtet ist" mitfahren. Infolge der Eisenbahneröffnung nach Heilbronn musste er seinen Botendienst „aus Mangel an Aufträgen einstellen". All sein Inventar, ein vierspänniger und ein zweispänniger Leiterwagen, ein Rollwagen und etliches Fuhr- und Pferde-Geschirr bot er zum Verkauf.

Jakob Lutz, Bote zwischen Ludwigsburg und Heilbronn, wurde, wie viele andere seines Standes, ein Opfer des neuen Transportmittels Eisenbahn.

Das tragische Ende von Müller Johannes Medinger

Eine feige Gewalttat erschüttert vor 150 Jahren Poppenweiler. Nach einer Hochzeitsfeier wird der wohlhabende, allseits beliebte Müller Johannes Medinger schwer verletzt in der Nähe seiner Mühle gefunden. Die Täter sind schnell gefunden. Auch sie stammen aus dem Dorf Poppenweiler.

Sie wollten ihm nur „eins verpassen und ihm den Hintern verschlagen“. So war es ausgemacht und besprochen worden in dieser Nacht auf den 11. Juli 1866 bei der Hochzeit von Ludwig Bauer in der Rose in Poppenweiler.

Geärgert hatte sie es, wie der Müller Johannes Medinger freundlich und zuvorkommend bedient wurde, während sie mit den anderen Burschen am hinteren Schenktisch saßen und kaum Beachtung fanden. Sie tranken eine Menge Freibier, tanzten wild mit den Dienstmägden des Hausherrn, und zur späten Stunde kannte ihre Ausgelassenheit keine Grenzen mehr. Immer öfter trafen sie die missbilligenden Blicke der Gäste und als der Müller Medinger sie zurechtweisen wollte, drohten sie ihm. Doch dieser winkte unbeeindruckt ab.

Die fortgeschrittene Stunde sowie der übermäßige Biergenuss verstärkten ihre dumpfen Erinnerungen an die fortwährenden Reibereien zwischen ihnen, den beiden Söhnen des Bauern und Schäfers Jakob Friedrich Winter, genannt Bekles Frieder, und dem wegen seiner Rechtschaffenheit und seines ruhigen Benehmens überall beliebten Johannes Medinger, erinnern sich die Täter später. Medinger, auch das war damals in Poppenweiler allgemein bekannt, lebte mit Familie Winter in Unfrieden. Das hatte seinen Grund darin, dass Medinger den Bekles Frieder einige Male wegen illegalen Weidens seiner Tiere auf dem Grundstück von Medinger angezeigt hatte, wofür dieser bestraft worden war.

Der Neid des Bekles Frieder und seiner Söhne war nicht von der Hand zu weisen, hieß es später vor Gericht.

Das Anwesen des Johannes Medinger bestand damals aus einem großen zweistöckigen Wohngebäude mit eingerichteter Mahlmühle mit drei Mahlgängen, einem Gerb- und Schwenggang und einer besonders angebauten Hirsenmühle mit Hanfreibe, angetrieben mithilfe des starken Gefälles des Zipfelbaches. Die Mühle erfreute sich einer großen Kundschaft, denn die Zu- und Abfahrt lag direkt an der Straße von Waiblingen nach Ludwigsburg.

Bei der Schafherde ihres Vaters bewaffnen sie sich mit Pfosten

In einer Scheuer mit Keller waren Stallungen für Pferde, Kühe, Rinder, Kälber und Schweine untergebracht. Die Wagenremise beherbergte verschiedene Kutschen und zweispännige Wagen, Pferdegeschirre und Feldgeräte, Pflüge und Eggen.

In dem weiten Gelände des Gemüse- und Obstbaumgartens tummelten sich 53 Hühner, 26 Gänse und fünf Enten. Etwas abseits standen 19 Bienenstöcke.

Unmittelbar an das Anwesen grenzten zudem noch etwa drei Morgen Acker und Wiesen.

Kurzum, der Poppenweiler Müller Johannes Medinger war ein begüterter Mann. Außerdem gebildet und musikalisch. In seinem Haus gab es viele Bücher und ein Pianoforte.

In jener warmen Nacht auf den 11. Juli 1866 verließen die beiden Brüder Winter die Hochzeitsgesellschaft in der Rose gegen zwei Uhr morgens und liefen in Richtung Mühle. Unterwegs bewaffneten sie sich bei der Schafherde ihres Vaters mit „Pferchstotzen" (Holzkeulen). Als der Müller Medinger endlich selbst die Hochzeitsfeier verlassen hatte und des Weges daherkam, habe ihm „Friedrich Winter mit seinem Stotzen eines hinten herüber an den unteren Teil des Körpers gegeben, worauf sein Bruder Christian den Medinger mit einem Streich zu Boden streckte und ihm auch nachher noch mehrere Streiche versetzte", heißt es dazu später in unserer Zeitung. Als sie ihr Opfer bewusstlos daliegen sahen, erschraken die beiden Männer und machten sich schnellstens aus dem Staube.

Dem Fuhrmann Müller aus Ludwigsburg war es zu verdanken, dass der Schwerverletzte nicht verblutete. „Er war in dieser Nacht auf der Straße von Poppenweiler nach Hochberg unterwegs, als er gegen 4 Uhr morgens etwa 400 Schritte von der Mühle entfernt ein heftiges Geschrei hörte und den 53 Jahre alten Müller Medinger in seinem Blute liegend fand."

In der Zeitung vom 14. Juli 1866 heißt es: „Ein Akt tollster Rohheit kam vom 10. bis 11. Juli 1866 morgens 3 Uhr in Poppenweiler vor. Der dortige Müller, ein braver friedlicher Mann, wurde auf dem Rückweg von einer Hochzeit, bei der als friedlicher Gast war, außerhalb des Ortes auf meuchelmörderische Weise so traktiert, dass man an seinem Aufkommen zweifelt. Eine furchtbare Schädelverletzung, ein abgeschlagenes Bein und ein durchaus zerschundener Körper sind an ihm die scheußliche Tat der bis jetzt noch unbekannten Täter. Möge es dem Gericht gelingen, solche auszukundschaften und ihrer habhaft zu werden! Möge aber auch die Einwohnerschaft von Poppenweiler, aus deren Mitte die Täter gewiss sind, dem Gericht hierbei auf jede Weise freimütig an die Hand gehen."

Am 15. Juli 1866 starb Müller Johannes Medinger an den Folgen seiner schweren Wunden. „Was mag dieser arme Mann in diesen Tagen als Folge seiner furchtbaren Verletzungen erduldet haben. Die Familie verliert an ihm einen musterhaften Versorger. 2 junge Burschen aus Poppenweiler sind, als der Tat höchst verdächtig, seit einigen Tagen verhaftet."

Noch einen Tag zuvor, als Medinger kurz bei Bewusstsein war, hatte er vor dem Untersuchungsrichter den Wunsch geäußert, „die Ärzte möchten ihr Zeugnis so einrichten, dass wegen seiner nicht die Bekles Frieder Buben ins Zuchthaus kommen". Selbst im Sterben zeigte er sich damit noch gütig und versuchte, eine Bestrafung der beiden jungen Männer abzuwenden.

Bei der Obduktion der Leiche durch den Oberamtsarzt wurde ein Bluterguss festgestellt, der sich „über die rechte Halbkugel des großen Gehirns ergoss und in Verbindung mit einer bedeutenden Gehirnerschütterung eine Lähmung des Gehirns und dadurch den Tod herbeigeführt hat".

In der Anklageschrift, die am 18. Dezember 1866 in der Schwurgerichtsverhandlung in Ludwigsburg verlesen wurde, heißt es: „Verurteilung wegen im Komplott verübter vorsätzlicher Körperverletzung und dadurch verschuldeter Tötung."

„Die beiden Angeklagten, Christian Winter 27 Jahre alt und Friedrich Winter 19 Jahre alt, sind im Ganzen nicht schlecht prädiziert, letzterer noch nie, ersterer nur einmal polizeilich gestraft; sie werden aber von mehreren Zeugen als böswillige, jähzornige Burschen bezeichnet."

Die Familie des verstorbenen Müllers stand vor dem Ruin

Nach nur zweitägiger Verhandlung sprachen „die Geschworenen die Angeklagten der vorsätzlichen komplottmäßigen Beschädigung des Medinger für schuldig, rechnen aber dem Friedrich Winter nur die unbedeutendere Verletzung zur Schuld an und legten dem Christian Winter die Tötung Medingers nur in dem Grade zur Last, dass er die tödliche Folge seiner Handlung mit mittlerer Wahrscheinlichkeit hätte vorhersehen können. Die Erkenntnis des Hofes lautete gegen Christian Winter auf eine Zuchthausstrafe von 5 Jahren, bei Friedrich Winter auf einer Kreisgefängnisstrafe von 5 Monaten".

Die Familie des verstorbenen Müllers Johannes Medinger stand durch dieses Verbrechen vor dem Ruin. Die Mühle samt Inventar, das Wohnhaus mit Gärten und Äckern – alles musste verkauft werden.

Eislaufen zu den Klängen von Trompeten

Lange war der Ludwigsburger Feuersee ein wichtiger Treffpunkt in der Stadt: im Sommer für die Abkühlung, im Winter zum Eislaufen. Und auch für die Ludwigsburger Bierbrauer war der See existenziell.

Wer sich heute auf dem Schulcampus in der Innenstadt umsieht und nach einem See Ausschau hält, dem fällt vielleicht das Straßenschild „Seestraße“ auf oder er sieht Schüler in die Feuerseemensa strömen. Aber vom namensgebenden Wasser ist weit und breit nichts mehr zu sehen.

Hier in diesem Viereck – eingerahmt von der See-, der Karl-, der Solitude- und der Alleenstraße – befand sich früher der Feuersee. Ein Überbleibsel der drei sogenannten Schafhofseen, die schon Jahrhunderte vor der Ludwigsburger Stadtgründung von Bebenhäuser Mönchen zur Fischzucht angelegt wurden.

Um Platz für die sich ausbreitende Stadt zu schaffen, wurden zwei der Schafhofseen trockengelegt und der dritte diente noch lange Zeit als Löschteich und erhielt bald im Volksmund den Namen „Feuersee“. Wie schon im Mittelalter diente der Feuersee bis in die Neuzeit auch zur intensiven Fischzucht. Die Pacht erstreckte sich über sechs Jahre und wurde jeweils an Martini (11. November) vom Kameralamt Ludwigsburg vergeben. Neben verschiedenen Speisefischen schwammen hauptsächlich Karpfen im Feuersee. Eine begehrte Beute „namentlich für Knaben, die sich erfrechten, aus dem Feuersee Fische zu fangen und mitzunehmen, obgleich diese Fische fremdes Eigentum sind“, wie unsere Zeitung Mitte des 19. Jahrhunderts berichtete. Überhaupt übte der See auf Kinder eine besondere Anziehungskraft aus. Im Sommer vergnügten sie sich in Nachen auf dem See und ihr Übermut beunruhigte einen Anwohner und veranlasste ihn im Sommer 1867, einen Leserbrief zu schreiben. „Der Einsender, welchen sein Weg sehr häufig am Feuersee vorbeiführt, sieht beinahe täglich Kinder in einem Nachen auf demselben herumfahren; das Hauptvergnügen derselben besteht im Schaukeln und häufig in solchem Maß, dass der Nachen umzustürzen droht.“

Für die Kinder gibt es kein Halten mehr

Zeigte sich im Winter die erste, meist dünne Eisdecke, gab es für die Kinder kein Halten mehr. Trotz Verbots wagten sie sich auf das brüchige Eis. Der dreizehnjährige Sohn des Wilhelm Klein brach am 31. Januar 1825 in der Mitte des Sees ein und konnte in letzter Minute vom Küfermeisters Pfizer und seinem Gesellen gerettet werden. Die Sorge der Erwachsenen offenbarte sich damals in Leserbriefen an unsere Zeitung: „Unbegreiflicherweise wagten sich in den letzten Tagen des Februars immer noch Kinder auf das morsche Eis des Feuersees. Am Samstag musste ein Knabe seine Unvorsichtigkeit beinahe mit dem Leben büßen. Er brach durch das Eis, fiel bis an den Hals ins Wasser und wurde nur durch die rasche Hilfe gerettet, welche ihm ein Artilleriehauptmann in einer Weise leistete, welche die öffentliche Anerkennung verdient. Derselbe brach sich mit den Händen eine Bahn durch das Eis und gelangte so zu dem Knaben, den er unter Beihilfe eines anderen Offiziers glücklich ans Ufer brachte."

Aber nicht nur bei Kindern fehlte die nötige Vorsicht. Am Neujahrstag 1858 wagten sich drei junge Leute nacheinander auf das noch nicht sehr fest gefrorene Eis, der eine junge Mann stand sogar bis an den Hals im Wasser.

Eine Verkaufsbude mitten im See

Als im Januar 1848 der See zugefroren war, aber wegen anhaltenden Schneefalls nicht zum Schlittschuhlaufen benutzt werden konnte, kam ein Ludwigsburger zur Abhilfe dieses Übels auf eine besondere Idee. „In allen Städten, wo Seen sind, wird der Schnee auf denselben wenigstens teilweise weggekehrt, um der Jugend die gesunde und zweckmäßige Bewegung des Schlittschuhlaufens zu gewähren. Warum geschieht dies nicht auf dem hiesigen Feuersee, wo es doch an Schlittschuhläufern nicht fehlen würde? Das unbedeutende Geschäft, einen Teil des Sees vom Schnee freizuhalten, könnte leicht durch ein paar Gefängnisinsassen unter Aufsicht besorgt werden." Besonders die Bierbrauer waren auf einen zugefrorenen Feuersee angewiesen, denn sie benötigten das Eis zum Einlagern in ihre Bierkeller. Nur mit einem Vorrat von Natureis im Keller konnten damals die Biervorräte bis in den Sommer hinein gut gekühlt werden. Mindestens zehn Zentimeter dick musste die Eisdecke schon sein, damit Eisblöcke geschlagen werden konnten. Das war natürlich nicht in jedem Winter möglich. Die anhaltende Kälte im Januar 1864 „machte das hier noch nie gesehene Schauspiel möglich, dass die außerordentlich zahlreichen Besucher des Feuersees sich einer Restauration bedienen konnten, welche sich in einer auf der Mitte des Sees angebrachten Bude befand". Friedrich Belz, der rührige und ideenreiche Metzger und Wirt, bot in seiner Bude in der Mitte des Sees Wein und Bier, warme Getränke und Speisen an. Und da seine Restauration mit großem Beifall aufgenommen wurde, erschien er jeden Nachmittag, solange es die Witterung erlaubte, mit wärmenden Getränken und Speisen auf dem See.

Am 10. Januar 1864, Sonntagnachmittag, „bot der hiesige Feuersee ein außerordentlich belebtes Bild dar. Hunderte von Personen aus allen Ständen, Alt und Jung, Damen und Herren tummelten sich, die einen auf Schlittschuhen, die anderen auf Schlitten, noch mehrere auf den Schleifbahnen der glatten Eisfläche, während die Klänge einer Trompetermusik die munteren Bewegungen begleiteten, und selbst zu improvisierten Tänzen Veranlassung gaben. Und zum allgemeinen Jubel wurde zum Schluss das Schleswig-Holstein-Lied gespielt".

Einen Hauch von Emanzipation verbreitete ein weiterer Leserbrief. „Auf der trefflichen Eisbahn des Feuersees sieht man jetzt auch Damen und jüngere Mädchen auf Schlittschuhen sich tummeln. In England und am Rhein ist dies eine alte, weit verbreitete Sitte, die von da allmählich sich auch bei uns einbürgert."

Im Zuge der Stadterweiterung um 1908 wurde der Feuersee trockengelegt und überbaut. Heute existiert er nur noch in Geschichten.

Von Maikäfersuppe und Maikäferöl

In Wellen fallen die Maikäfer als Plage im 19. Jahrhundert über Ludwigsburg her. Die Stadt tut damals alles dafür, der Lage Herr zu werden. Die Tierchen werden gefangen, getötet, verfüttert und zu Öl verarbeitet. Auch der Mensch beteiligt sich an ihrer Vertilgung - zum Beispiel mit einer kräftigen Maikäfersuppe.

Maikäfer? Die gibt's vielleicht bei Max und Moritz. In freier Wildbahn sieht man sie dagegen kaum noch. Ganz anders sah das noch im 19. Jahrhundert aus. Damals fielen die Krabbeltiere regelmäßig als Landplage über Ludwigsburg und seine Umgebung her.

Verheerende „Maikäfer-Monate“ gab es damals ungefähr alle vier bis fünf Jahre. 1836 war ein besonders „reichhaltiges“ Maikäferjahr. In der Zeitung vom 6. Mai 1836 wurden sämtliche Ortsvorsteher des Ludwigsburger Oberamtes aufgefordert, „ihre Einwohner zur Vertilgung dieser Käfer durch fleißiges Einsammeln zu veranlassen. Die günstigste Zeit hierzu ist morgens 8 Uhr und nachmittags zwischen 3 und 4 Uhr, da um diese Stunde die Maikäfer sich in einem schlafähnlichen Zustand befinden. Wenn unter den Bäumen Tücher ausgebreitet werden, die Bäume sofort geschüttelt, die Tücher schnell zusammengezogen und der Inhalt in Säcke geleert wird, ehe die Käfer Zeit bekommen, zu erwachen, ist der größte Erfolg gewiss".

Damals wusste man, nur durch gemeinschaftliches Handeln konnte der Plage Einhalt geboten werden. Besonders die Schüler waren angehalten, frühmorgens – unter Aufsicht – mitzuhelfen. Maikäfer sammeln war nicht nur nützlich, sondern auch einträglich.

Die Ludwigsburger Stadtkasse bezahlte für ein Simri (etwa 22 Liter!) Maikäfer, die getötet und im Rathaushof abgeliefert wurden, als Prämie zwölf Kreuzer. Folgende Menge an Maikäfern wurde 1836 gesammelt. In Ludwigsburg: 102 Simri (2244 Liter); in Hoheneck 141 Simri (3102 Liter); in Neckarweihingen 55 Simri (1210 Liter); in Oßweil 306 Simri (6732 Liter); in Pflugfelden 62 Simri (1364 Liter); in Poppenweiler 468 Simri (10296 Liter). Macht zusammen knapp 25 000 Liter Maikäfer (von Eglosheim gibt es keine Angaben). 226 Gulden und 48 Kreuzer kostete das im Jahr 1836 die Gemeindekassen.

Doch was geschah mit diesen Mengen an toten Maikäfern?

Dafür gab die Zeitung einige Tipps: Sie wurden frisch oder in heißem Wasser getötet an Schweine und Hühner verfüttert. Sogar gedörrte Maikäfer wurden hergestellt. Wie das funktioniert, ist ebenfalls in der Zeitung von damals erklärt: „Die zum Dörren bestimmten Maikäfer werden zuerst in einem Sack in den heißen Backofen gesteckt, auf die-

se Weise getötet, nachher auf Hurten (Trockenbretter) gut gedörrt und bis zum Verfüttern aufbewahrt. Vor dem Füttern sollten sie mit warmem Wasser aufgeweicht werden.“

Selbst Öl lässt sich aus Maikäfern herstellen: „Das Maikäferöl wird durch Ausbraten der Maikäfer gewonnen. Man macht Feuer um ein irdenes Gefäß und auf diese Weise können aus 10 Litern Maikäfer ca. 4 Liter Öl gewonnen werden, welches sehr gut als Wagenschmiere zu gebrauchen ist.“

Und sogar der Mensch beteiligte sich an der Vertilgung dieser Plage. Dazu ein Rezept für Maikäfersuppe, die bestimmt nicht jedermanns Sache ist. Das Rezept wurde in der Zeitung vom 4. Juni 1858 abgedruckt. Es stammt aus dem Magazin für Staatsarzneikunde von Dr. Schneider aus Fulda: „Die Maikäfersuppe wird wie die Krebssuppe bereitet. Die Käfer, von welchen man 30 Stück auf eine Person rechnet, werden gewaschen, in einem Mörser zerkleinert, in heißer Butter hart geröstet und in Fleischbrühe aufgekocht, fein durch ein Sieb geseiht und über geröstete Semmelschnitten angerichtet.

Durch die Kraft der Maikäfer wird die Bouillon ganz vortrefflich, und eine Maikäfersuppe, gut bereitet, ist schmackhafter, besser und kräftiger als eine Krebssuppe, ihr Geruch ist angenehm, ihre Farbe bräunlich, wie die Maikäferflügel. Warum man diese Suppe verachtet, ist nicht einzusehen; sehen die Maikäfer ekelhafter aus als die Schildkröten, aus welchen die berühmten und teuren Kraftsuppen bereitet werden? Gewiss nicht.“

Guten Appetit!

Mit der Kutsche nach Bad Wildbad

Bevor die Eisenbahn durch die Landschaft fegte, waren Kutschen das Reisemobil Nummer eins. Als dann ab Oktober 1846 Lokomotiven durch Ludwigsburg fuhren, mussten sich die Kutscher radikal umstellen. Die erfolgreichen unter ihnen richteten sich nun nach dem Fahrplan der Bahn.

Eine Statistik von 1853 spricht von „17 gewerblichen Kutschern mit 13 Gehilfen", die in Ludwigsburg ansässig waren. Sie verfügten über einen mehr oder weniger großen Fuhrpark. Als der Kutscher August Ziegler im November 1827 starb, kam sein Besitz zum Verkauf: „Eine in gutem Zustand befindliche zweispännige, viersitzige gelb lackierte Chaise, samt Vorverdeck mit eisernen Achsen und C-Stahlfedern; ein zweispänniger Leiterwagen, samt Zubehör; 3 Paar Chaisen- und 3 Paar Wagengeschirre, Ketten; 2 Chaisen-Pferde, Schimmel, 17 Faust hoch, von mittlerem Alter." Die Erben des Kutschers J. Stähle verkauften im April 1851 einen Stadtwagen, einen viersitzigen bedeckten Wagen, einen blau lackierten Omnibus, einen Leiterwagen und zwei ein- und zweispännige viersitzige Schlitten. Unter Omnibus war ein größeres Gefährt zu verstehen, das neun bis zwölf Personen Platz bot und meist vierspännig gefahren wurde.

Die wohlhabenden Einwohner von Ludwigsburg waren nicht auf die Kutscher angewiesen. Sie besaßen eigene Chaisen, Pferde und Kutscher.

Im November 1846 wurde in der Zeitung von einem Unglück berichtet, dessen Opfer zwei Offiziere mit ihrem Kutscher waren: „Nach dem Theater in Stuttgart fuhren 2 hiesige Offiziere in eigenem Wagen und mit eigenem Kutscher hierher zurück. Vor dem Stuttgarter Tor stürzte der Wagen in eine – über die Straße laufende schlecht bedeckte – Dohle. Die beiden Pferde waren auf der Stelle tot, die beiden Offiziere und den Kutscher fand man besinnungslos auf der Straße liegen." Vielleicht wäre es ihnen besser ergangen, wenn sie das Angebot von Kutscher Stähle angenommen hätten, der jeden Theatertag auf Vorausbestellung mit seinem Omnibus nach Stuttgart und nach dem Theater wieder zurückfuhr.

Von einem wahrlich königlichen Luxus-Fuhrpark erfuhr die Ludwigsburger Bevölkerung aus der Zeitung bei einer Versteigerung im königlichen Schloss am 15. Mai 1829 nach dem Tod der Königin Mathilde. Folgendes stand zum Verkauf: „Zwei viersitzige Berlinen (in Berlin gebaute Kutschen) mit beweglichem Verdeck; eine zweisitzige offene Carriole (kleiner, zweirädriger Wagen) mit einem zum Anschrauben gerichteten großen Sonnenschirm von blauer Seide mit silbernen Fransen und goldenen Quästchen; eine zweisitzige halbbedeckte Carriole; drei viersitzige halbbedeckte Chaisen; eine viersitzige Chaise mit Schwanenhälsen, messingenen Büchsen, Reisekoffer, Verdeck; ein neuer englischer viersitziger Parkwagen mit niederen Rädern und weitem Geleise, für Fahrten im Ludwigsburger Schlosspark."

Mit dem Ende des königlichen Daseins in Ludwigsburg verloren auch die Hofkutscher ihren Arbeitsplatz. Jakob Hegel, früherer Hofkutscher bei Ihrer Majestät der Königin Mathilde, versuchte daraufhin, als „pensionierter Leibkutscher" mit einem „neuen wohl eingerichteten Gesellschaftswagen zu 6 bis 8 Personen" in den Ludwigsburger Kutscherbetrieb einzusteigen. Er hatte es schwer gegen die bekannten etablierten Stadtkutscher. Sein Geschäft lief schlecht und er sattelte – im wahrsten Sinn des Wortes – um und fabrizierte später „nach englischer Art gefertigte Fahr- und Reitpeitschen".

Das hauptsächliche Geschäft der Ludwigsburger Kutscher bestand im Personen- und Gepäcktransport. Am 5. Februar 1821 machte sich von Ludwigsburg „ein bedecktes Wägele nach Nevers (Burgund)" auf eine weite und beschwerliche Reise auf. In einer Zeitungsannonce wurde nach Mitreisenden gesucht. Die Fahrt führte über Pforzheim, Ettlingen, Rastatt, Straßburg und Dijon (650 Kilometer).

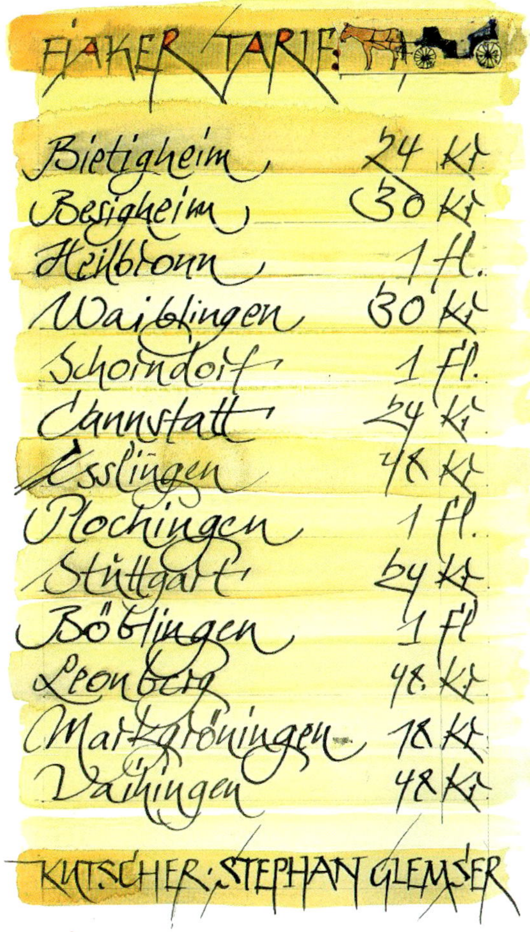

Von Ludwigsburg aus kann man ins Ausland fahren

Aus den Angaben der Zeitungen von 1818 bis 1855 waren unter anderem folgende Städte Ziel der Ludwigsburger Kutscher: Aalen, Aarau (Schweiz), Ansbach, Baden-Baden, Bamberg, Basel (Schweiz), Bayreuth, Bern (Schweiz), Biberach, Blaubeuren, Bregenz (Österreich), Bruchsal, Calw, Frankfurt, Hanau, Karlsruhe, Kassel, Konstanz, Kissingen, Lausanne (Schweiz), Lindau, Mainz, Mannheim, Nürnberg, Offenbach, Paris (Frankreich), Ravensburg, Schaffhausen

(Schweiz), Schwäbisch Gmünd, Schwäbisch Hall, Sigmaringen, Straßburg (Frankreich), Überlingen, Ulm, Würzburg und Zürich (Schweiz). Das war eine große Leistung, nicht nur für den Kutscher, sondern auch für Wagen und Pferde.

Jakob Friedrich Stähle, Jahrgang 1792, war ein sehr gefragter Kutscher in Ludwigsburg. Mit seinem Stadtwagen versorgte er die Ludwigsburger Bevölkerung mit „Visiten-, Taufen- und Leichenfahrten". Regelmäßig chauffierte er außerdem „Lusttragende" im September zum Stuttgarter Volksfest, im Dezember zur Stuttgarter Messe, im Mai nach Vaihingen zum Maientag, im Winter zu Theater und Konzerten wieder nach Stuttgart. Als er im April 1848 56-jährig starb, übernahm sein Sohn August das Geschäft.

Die gesundheitsbewusste Bevölkerung buchte im Sommer Fahrten in die Bäder von Wildbad, Baden-Baden und Cannstatt. Das bedeutete früh aufstehen, denn morgens um vier Uhr ging die Fahrt los.

Die etablierten Ludwigsburger Kutscher suchten immer wieder nach neuen Angeboten. Kutscher Stephan Glemser, schon seit 1818 im Geschäft, erwarb 1835 nach österreichischem Vorbild zwei Fiakerfuhrwerke, für die er vom königlichen Ministerium eine Genehmigung beantragen musste. „Durch Verfügung des Königl. Ministeriums des Innern, vom 7. November 1835, ist mir ge-

stattet worden, für – unregelmäßige, je nach dem Eintreffen von Platzmietern, und nach dem von diesen beabsichtigten Reise-Richtungen zu leistende – Fahrten, meine beiden, auf Federn ruhende Wägen als Fiakerfuhrwerk an öffentlichen Plätzen bereitzustellen", berichtet er 1835 in unserer Zeitung.

Auf der Sternkreuzung wartet der Fiaker auf seine Kunden

Zur Aufstellung seiner beiden Fiaker wählte er den Platz vor der Kanzleikaserne (Ecke Wilhelmstraße/Stuttgarter Straße, an der Sternkreuzung). Jeden Tag von morgens 8 Uhr an stand er bereit für Fahrten in jede gewünschte Richtung. Sobald sich vier Personen für ein und dasselbe Reiseziel angemeldet hatten, wurde ohne Verzug abgefahren.

Die Preise für oft gewählte Ziele waren unter anderem: Bietigheim 24 Kreuzer; Besigheim 30 Kreuzer; Heilbronn ein Gulden; Stuttgart 24 Kreuzer; Leonberg 48 Kreuzer; Markgröningen 18 Kreuzer.

Nachdem Ludwigsburg im Oktober 1846 ans Eisenbahnnetz angeschlossen wurde, mussten sich die gewerblichen Kutscher neu orientieren. Mit einer gut überlegten Offerte „sprangen sie auf den Zug auf". Die Kutscher Schneider, Stähle, Schlechter, Keller, Gnießer, Hirsch und Rühle schlossen sich zu einer Fahrgemeinschaft zusammen. Ihr Angebot an die hiesige Bahnhofinspektion lautete: „Zu den Hauptzügen Nr. I. II. V. VIII. XII. regelmäßig ein Gefährt auf dem hiesigen Bahnhof aufzustellen, welches die Reisenden vom Bahnhof in die Gast- und Privathäuser der hiesigen Stadt und auf Verlangen zurück auf den Bahnhof bringen wird. Die Taxe ist ohne Gepäck auf 9 Kreuzer, mit Gepäck auf 12 Kreuzer für die Person festgesetzt. Wird von einer Person ein besonderes Gefährt verlangt, so ist hierfür 36 Kreuzer zu entrichten." Zudem wurde eine strenge Handhabung der Bahnordnung bekanntgegeben, die das bisherige Transportwesen gehörig in die Schranken wies. „Wo Wegübergänge bestehen, darf die Bahn von Fußgängern, Reitern und Fuhrwerken nur dann überschritten werden, wenn die Schlagbäume geöffnet sind. Fuhrwerke, Reiter, Lasttiere dürfen bei verschlossenen Schlagbäumen sich der Bahn nur bis auf 20 Schritte nähern. Die Fuhrwerke dürfen nur im Schritt über die Bahn geführt werden. Fuhrwerke, die an einem Wegübergang ankommen, stellen sich nach der Ordnung der Ankunft auf der rechten Seite der Straße auf, und fahren in der Ordnung, welche der Bahnwärter anweist, über die Bahn."

Mit Lindenblüten gegen die Armut

Lindenblüten waren im 19. Jahrhundert ein Wirtschaftsgut. Vor allem arme Familien sammelten die Blüten mit großem Eifer. Manchmal ging es den Bäumen dabei richtig an den Kragen. Von Ludwigsburg aus wurde das gesamte Umland mit Blüten versorgt. Und manchmal stürzte eine Magd beim Sammeln vom Baum.

„Mondscheintrunkene Lindenblüten, sie ergießen ihre Düfte und von Nachtigallenliedern sind erfüllet Laub und Lüfte", so überschwänglich beschreibt Heinrich Heine die Lindenblüte im 19. Jahrhundert. Der Dichter hat diese Eindrücke bekanntlich nicht in Ludwigsburg gewonnen, aber seine Verse könnten hier entstanden sein, wenn wir den folgenden Artikel aus der Zeitung vom 14. Juli 1881 lesen:

„Wenn wir Ludwigsburger vielfach von auswärts ob unserer schönen Anlagen usw. beneidet werden, so gilt dies ganz besonders den prächtigen Lindenalleen, welche sich an keinem zweiten Orte des Landes in solcher Pracht vorfinden dürften. Nicht nur Schutz vor den brennenden Strahlen der Sonne finden wird zurzeit unter deren Blätterdach, ganz besonders erfreut uns der köstliche Geruch, welchen die unzähligen Blüten besonders in den Abendstunden verbreiten. Kein Wunder, dass deshalb gegenwärtig diese Spaziergänge in den Alleen beliebt sind, und gar lieblich ist das geschäftige Treiben des munteren Bienenvolkes mit anzusehen, welches bekanntlich aus den Lindenblüten den allerfeinsten Honig gewinnt."

Heute gibt es keine großen Lindenalleen mehr in der Stadt

Die Alleen in Ludwigsburg waren überwiegend mit Lindenbäumen bestückt. Unsere Zeitung berichtet im Juli 1855 von 3000 Lindenbäumen, die damals gezählt wurden. Die Ludwigsburger feine Gesellschaft der Muße und Muse zugeneigt, erfreute sich beim Wandeln in den Alleen am Farbenspiel der Grüntöne, berauschte sich am Duft der Lindenblüten und gab sich in den Abendstunden genussvoll dieser einzigartigen Stimmung hin.

Diesen Genuss konnten sich die „ärmeren Leute" nicht leisten, denn die Sommermonate versprachen ihnen in verschiedener Hinsicht Arbeitsmöglichkeit und einen zusätzlichen Verdienst. Ganze Familien machten sich auf den Weg, „um Blüten zu sammeln, seien es Rosenblätter, Klatschmohn und dergleichen, und besonders hoch im Kurs stand die Lindenblüte. Die Sammlungen wurden in Apotheken, Material-Geschäften oder Konditoreien verwertet und bei einigem Fleiß konnte manch schönes Stück Geld verdient werden".

Der Sommer 1855 zeigte sich als ein besonders reiches Lindenblütenjahr. „Nach sachverständiger Schätzung trug ein einziger Baum ca. einen Zentner Blüten".

Apotheken und Drogerien sind an den Blüten interessiert

Ein Bericht der Zeitung im Juli 1855 über das Lindenblütensammeln erzählt Folgendes: „In Beziehung auf das Lindenblütensammeln wurden uns einige Mitteilungen gemacht, welche auch für unsere Leser nicht ohne Interesse sein dürften. Das Geschäft selbst ist ein ziemlich mühseliges, gewährt aber doch mancher bedrängten Familie aus den unteren Ständen einigen Erwerb. In den letzten Wochen hatten sich etwa 150 ärmere Familien, mit mehr als 300 Personen daran beteiligt. Einer einzigen hiesigen Apotheke wurden nicht weniger als 188 Zentner frisch gepflückte Blüten gebracht und von derselben die zahlreichen Ablieferer entschädigt; außer den hiesigen und wie wir hörten, einigen benachbarten Apotheken, wurde auch von Privatpersonen und ein paar hiesigen Spezerei-Handlungen eingekauft und von hier aus geschahen bedeutende

Versendungen an auswärtige Apotheken und Drogeriehandlungen.

Manche der einsammelnden bedürftigen Familien, mit einer städtischen Sammelkarte versehen, verschaffte sich eine Einnahme von wöchentlich 6 bis 9 Gulden."

Laut Verordnung der Ludwigsburger Stadtverwaltung durfte nur an den „leicht erreichbaren Ästen" gepflückt werden. Das bedeutete, dass ungefähr drei Viertel der Blüten hängen blieben, und dieser ungenutzte Reichtum sorgte für großen Unmut unter den Leuten.

„Die Zupfer“ ignorierten ohne Rücksicht die städtischen Anordnungen und „zogen mit so genannten Raupenscheren oder langen Stangen, an welchen eine Sichel gebunden war“ in die Alleen und machten sich über die restlichen Blüten her. Wie die Bäume danach aussahen, kann man sich denken.

Es wurden nicht nur mit den oben genannten Hilfsmitteln die Äste traktiert, junge Leute und Kinder kletterten ohne Rücksicht auf die Bäume und kamen somit leichter an die begehrten Blüten.

Dabei kam es am Samstag, 15. Juli 1855, zu einem folgenschweren Unfall. „Eine Magd, die auf einer Sommerlinde mit dem Einsammeln der Blüten beschäftigt war, stürzte rücklings vom Baum herab und wurde dabei so beschädigt, dass sie bewusstlos nach Hause getragen wurde und allen Anzeichen zufolge mit Recht für ihr Leben gefürchtet werden muss.“

Ein Ludwigsburger Bürger bemängelt in einem Leserbrief vom 26. Juli 1855 die Rücksichtslosigkeit beim Lindenblütensammeln: „In Beziehung auf das Lindenblütensammeln ein Wort. Gegenwärtig ist so genanntes Lindenblüten-Zupfen; wer es noch nicht gesehen hat, mache ein Spaziergang in die dicke Allee (Königsallee). Wir haben dort ungefähr 12 verschiedene Gruppen von Männern, Weibern und Kindern, zu je 8 bis 12 Personen gezählt, welche sich teils mit Abreißen der Blütenzweige, obwohl nicht immer zum Besten der misshandelten Bäume, teils mit Abpflücken der Blüten von den abgerissenen Zweigen, beschäftigten. So wenig gegen dieses Sammeln einzuwenden und so sehr dessen Verdienst unseren Armen zu gönnen ist, so sehr muss man sich gegen die Art und Weise dieses Sammelns aussprechen. Wäre es nicht vonnöten, dass die Bäume durch von der Behörde aufgestellte Männer unter Aufsicht genommen werden könnten, damit der große Blütenreichtum nicht unbenützt und den Armen auch künftig ein Verdienst bleibe.“

Auf Geheiß der Stadt wird das Sammeln verboten

Die Reaktion der Stadt blieb nicht aus: „Das Blütenzupfen wurde auf höheres Verbot eingestellt, weil ein Teil der Sammler zu schonungslos gegen die Bäume verfahren ist, und neben den Blüten auch noch Holz zu Reisig eingesammelt wurde.“ Damit war dem reichen Lindenblüten-Jahr 1855 ein Ende gesetzt.

Die Wächter der Nacht

Weit über 100 Jahre ist es her, dass in Ludwigsburg Nachtwächter patrouillierten. Ihre Aufgabe bestand darin, nachts durch die Straßen und Gassen der Stadt zu gehen, um für Ruhe und Ordnung zu sorgen. Ein harter Beruf, verbunden mit vielen Gefahren und dazu noch sehr schlecht bezahlt.

Früher war alles besser? Für Nachtschwärmer nicht unbedingt. Im 19. Jahrhundert sorgten Nachtwächter in Ludwigsburg für die Einhaltung der Polizeistunde um 23 Uhr. Der Nachtwächter warnte die schlafenden Bürger vor Feuer und „lichtscheuem Gesindel" und passte darauf auf, dass Stadttore und Häuser ordnungsgemäß verschlossen waren. Ihm oblag auch das Recht, verdächtige Personen anzuhalten und notfalls festzunehmen.

Sein Erscheinungsbild war nicht zu übersehen: Der lange schwarze Rock, eine Hellebarde als Waffe, die Laterne und ein Horn verliehen ihm eine gewisse Würde. Obwohl er eine wichtige Tätigkeit in der Stadt ausführte, gehörte sein Beruf zu den unteren Ständen, und er lebte daher meist in sehr bescheidenen Verhältnissen. Krankheiten und damit verbundene Berufsunfähigkeit brachten den Nachtwächter samt seiner Familie in große Nöte. Doch sobald die Not bekannt wurde, konnten die Nachtwächter auch auf die Solidarität der Ludwigsburger Bürger zählen.

Ein Beispiel bestätigt die Hilfsbereitschaft der besser gestellten Einwohner: Im August 1823 wurden für den „gebrechlichen" 43-jährigen Nachtwächter Fackler 48 Gulden 27 Kreuzer für eine Erholungskur in Wildbad bei der hiesigen Bürgerschaft gesammelt. Er starb jedoch schon am 14. Dezember 1824. Daraufhin kamen für seine Familie nochmals 32 Gulden 28 Kreuzer als Spende zusammen.

In der zweiten Hälfte des 19. Jahrhunderts zogen gleich mehrere Nachtwächter durch die Straßen. Immerhin hatte sich die Ludwigsburger Bevölkerung von 6130 Einwohnern im Jahr 1831 auf rund 16 100 Einwohner im Jahr 1880 weit mehr als verdoppelt. Zudem gab es 1880, infolge der zunehmenden Einwohnerzahl, in der Stadtgemeinde Ludwigsburg schon 63 Straßen und zehn öffentliche Plätze. Das konnte ein Nachtwächter allein nicht bewältigen.

Am 24. Februar 1855 berichtete die Zeitung von der Verhütung eines möglichen Feuers durch die

Aufmerksamkeit des Nachtwächters: „Am gestrigen Abend stellte ein Aschensammler mehrere gefüllte Säcke in der Einfahrt der alten Post in der Eberhardstraße auf; in der darauffolgenden Nacht um halb 1 Uhr entdeckte der Nachtwächter, dass einer dieser Säcke ganz glühend rot aussah. Er holte sofort den wachhabenden Polizeisoldaten, und beide verschafften sogleich die glühende Asche noch rechtzeitig, ehe ein Unglück entstand, unter den Schnee; der gefüllte Sack war übrigens schon zum größten Teil verbrannt. Ein neuer Beweis, wie ungemein vorsichtig man mit Aufbewahrung von Asche sein muss, da durch Gleichgültigkeit hierin so leicht großes Unglück entstehen kann."

Im Januar 1861 hingegen beklagte sich ein Einwohner über die Unzuverlässigkeit der Nachtwächter. „Der in den letzten Nächten in mehreren Straßen hiesiger Stadt vorgekommene Unfug des Aushebens von Fensterläden, die in Brunnentröge und in einen Garten bei der Stadtkirche geworfen wurden, dürfte die Nachtwächter zu schärferer Aufsicht veranlassen, damit endlich einmal diesem Treiben durch Bestrafung der Täter ein Ende gemacht würde."

Dass der Dienst der Nachtwächter gefährlich werden konnte, bestätigt ein weiterer Zeitungsartikel. „In der Nacht des 14. Januar 1848, um 10 Uhr, wurde der Nachtwächter Osiander von einigen Unteroffizieren in der Schlossstraße beim Stundenruf verhöhnt und als er sich dagegen wehrte, mit einem Säbelhieb über die Wange verwundet. Er wollte die Schlosswache zu Hilfe rufen, der Weg wurde ihm aber durch die Angreifer versperrt und er erhielt mehrere Säbelhiebe über den Kopf. Als sein Notgeschrei den Polizeidiener Hirthlen herbeirief, welcher einen der Angreifer am Mantel packte, konnten die anderen entweichen. Einer jedoch kehrte zurück und suchte seinen Kamraden zu befreien, indem er mit gezogenem Säbel auf den Polizeidiener eindrang, der sich jedoch mit seinem Stock schützen konnte, bis einige Personen, die vom Gasthaus Waldhorn herbeieilten, ihm beistanden. Die Übeltäter wurden in ihrer Kaserne festgenommen. Sie werden also ihrer Strafe nicht entgehen.

Nachtwächter Osiander, ein geordneter Mann und Vater einer zahlreichen Familie, liegt stark verwundet danieder; ob sein Zustand gefahrdrohend ist, können wir im Augenblick noch nicht berichten.“

Üblich war das damals nicht, dass Ludwigsburger Mitbewohner aus den „unteren Ständen“, zu denen auch die Nachtwächter zählten, öffentlich in der Zeitung Erwähnung fanden, außer sie hatten etwas verbrochen oder waren sonst unangenehm aufgefallen.

So erfreut es sehr, als in einem Leserbrief am 24. September 1875 dem Nachtwächter Friedrich Müller zu seinem 70. Geburtstag eine besondere Aufmerksamkeit entgegengebracht wurde: „Der Einsender dieses Leserbriefes möchte mit wenigen Worten eines Mannes gedenken, der schlicht in seinem ganzen Wesen, bekannt bei vielen, die er vor Jahren in der Stille der Nacht durch seinen schönen Wächterruf erschreckte oder erfreute und in einer langen Reihe von Jahren manche Treppe erkletterte, um bei einem männlichen oder weiblichen Individuum einen Beitrag einzusammeln, dann unter Dankesbezeugung wieder hinkenden Fußes ins Freie zu gelangen, im Nachbarhause vorzusprechen und endlich nach vollbrachter Arbeit jederzeit mit einem Defizit bei der Abrechnung zu schließen.

Sie kennen ihn schon den kleinen Mann mit seiner allzeitfreundlich Miene, der auf seinen Stock gestützt, sehr oft am so genannten ‚Schwätzbänkle‘ auf dem Marktplatz zu sehen ist, um daselbst die Neuigkeiten zu erfahren, welche sich in seiner Vaterstadt zugetragen haben; sie kennen ihn schon, den Mann, der 34 Jahre lang Diener der Nachtpolizei war, ohne ein Hühnchen zu beleidigen; den Mann, der 10 Jahre als Zivilaufseher am hiesigen Arbeitshaus angestellt war, wo ihm mancher ‚Unschuldiger‘ von dort entsprungen sein mag und der die letzten 28 Jahre Diener eines hiesigen Vereins gewesen ist. Es ist Friedrich Müller, der heute seinen 70. Geburtstag feiert. Der Verein, den er bis heute bedient, ist der Männergesang-Verein, der ihn zu seinem heutigen Wiegenfest mit einem Angebinde erfreute. Möge dem bescheidenen und anspruchslosen Mann noch lange vergönnt sein, wenn auch langsam, so doch zufriedenen Sinnes, die Straßen unserer Stadt zu durchwandern, bis er endlich der großen Heerstraße entgegensieht, die noch kein Sterblicher retour gegangen ist.“

Nachtwächter gibt es schon lange nicht mehr. Als Touristenattraktion haben sie aber in vielen historischen Innenstädten in sogenannten Nachtwächterführungen überdauert. Der Nachtwächter von heute ist der „Security-Mann“. Wie seine „Vorfahren“ überwacht er für seine Auftraggeber Gebäude, Bürokomplexe oder Firmen. Vom Mythos, der die Nachtwächter einst umhüllte wie ein dunkler Schleier, ist dagegen nichts geblieben.

Als Wilhelm Lotter in den Himmel fuhr

Die Anfänge der Luftfahrt begeistern im 19. Jahrhundert auch die Ludwigsburger. Mehrmals kommen Luftfahrtpioniere in die Stadt. Einer davon ist Carl Securius. Zweimal lässt der sogenannte Aeronaut seinen Riesenballon in Ludwigsburg starten. Mit an Bord ist jeweils der wagemutige Ludwigsburger Kaufmann Wilhelm Lotter.

Der Wunsch, „den Himmel zu ersteigen", reicht weit in die mythenreiche Vorzeit des Menschen zurück. Aus der Bibel ist uns Elias bekannt, der in einem feurigen Wagen gen Himmel fuhr. Gehen wir in die Neuzeit, denken wir an Albrecht Ludwig Berblinger, bekannt als „Schneider von Ulm", dessen Lebenstraum das Fliegen war. Im 19. Jahrhundert, bedingt durch verbesserte technische Möglichkeiten, gab es viele mehr oder weniger erfolgreiche Luftschiffer.

Im November 1818 wurde in der Zeitung als Sensation der Besuch der französischen Luftschifferin Madame Fondard angekündigt. „Die in den vorzüglichsten Städten Europas durch die glücklichen Erfolge so vorteilhaft bekannte Luftschifferin, welche mit den genügenden Beweisen der Ortsobrigkeiten, wo selbst sie ihre Vorstellungen gegeben hat, versehen ist, hat die Ehre, ein geehrtes Publikum zu benachrichtigen, dass sie künftigen Sonntag, den 22. November 1818, hier in Ludwigsburg eine Luftfahrt geben wird. Das bombenförmige Luftschiff wird 10 000 Kubikfuß enthalten und mit seinem Nachen (Korb), sowie mit allem zu seiner langen Reise Erforderlichen versehen sein. Es wird senkrecht bis zu einer unberechneten Höhe aufsteigen und sich dem Wind überlassen und in einer Entfernung von 4–5 Stunden herunterkommen."

Es stellte sich jedoch frühzeitig heraus, dass alles ein Bluff war. Schon am 30. September 1816 war die Madame in Aachen mit ihrem Unterfangen eines Ballonaufstiegs gescheitert.

In einem Gedicht wurde sie daraufhin verspottet: „So geht es heutzutage hier; aus Frankreich kommen gar die Weiber; Versprechen in das Luftrevier zu wagen ihre zarten Leiber; in einer Gondel von Papier will Madame Fondard sich erheben! Der Luftball steigt; sie bleibet hier; denn sie weiß nur: vom Wind zu leben."

Deutsches
Reich

Die Ludwigsburger fielen nicht auf den Schwindel herein. Die „Luftschifferin“ blieb auf ihren Billets, die sie vergeblich immer billiger anbot, sitzen und musste unverrichteter Dinge die Stadt verlassen.

Am 31. August 1880 lockte dann allerdings ein weiterer Pionier der Luftschifffahrt, der berühmte Berliner Aeronaut Carl Securius, Ludwigsburger Spaziergänger auf die Höhe des Salons, „um die von Cannstatt aus angezeigte Luftschifffahrt des berühmten Aeronauten Securius zu beobachten“.

Es war ein schöner, klarer Sonntagabend „als die 153. Fahrt, welche genannter Herr mit dem Riesenballon ‚Deutsches Reich‘ ausführte, begann und man konnte denselben kurz vor 6 Uhr aufsteigen sehen. Der Ballon ging schnell in ziemliche Höhe, nahm von Cannstatt aus westliche Richtung und senkte sich dann südwestlich. Wie vermutet wird, muss sich der Luftsegler etwa bei Gerlingen niederge-

lassen haben“, heißt es damals in unserer Zeitung. Zur Person: Aeronaut Karl Securius (1846 bis 1890) war ein passionierter Ballonfahrer und Berufsluftschiffer, der innerhalb von 15 Jahren insgesamt 417 Ballonaufstiege veranstaltete. Sein birnenförmiger Ballon, aus hellgelber Seide gefertigt und gefüllt mit 668 Kubikmetern Leuchtgas mit dem sinnigen Namen „Deutsches Reich“, erreichte immerhin Höhen zwischen 930 und 1100 Metern.

Mit an Bord dieser 153. Luftfahrt im August 1880 war der Ludwigsburger Bürger und Kaufmann Wilhelm Lotter. Es war ein Unternehmen, das viel Mut voraussetzte, denn es war nicht leicht, einen Ballon von dieser Größe so zu handhaben, dass man eine vorher bestimmte Weglänge einhalten konnte, geschweige denn, dass man den angegebenen Punkt auch wirklich erreichte. Da die kleine Gondel nur für zwei Personen ausgerichtet war, nahm Carl Securius jeweils nur einen wagemutigen Passagier mit auf seine Reise. Neben dem Fangtau mit Anker und einem Nothorn war an den Beinen der beiden Luftfahrer jeweils ein Sandsack angeschnallt. Auch fand sich immer ein Platz für eine Weinflasche, die in luftiger Höhe (in die Kehlen) geleert wurde.

Wilhelm Lotter hatte wohl alles mit Bravour bestanden, denn am 5. September 1880, wieder an einem Sonntag, durfte er zum zweiten Mal auf Einladung des Luftschiffers Securius an einer „Auffahrt in den Himmel“ teilnehmen.

Diese zweite Ballonreise wurde in der Zeitung ausführlicher beschrieben. „Vorgestern Abend gegen ½ 6 Uhr unternahm der Luftschiffer Securius seine zweite Auffahrt von der Gasfabrik in Cannstatt aus und zwar abermals in Begleitung des Ludwigsburgers Wilhelm Lotter. Der Ballon stieg ungestört und prächtig in die Höhe. Über Untertürkheim in einer Höhe von etwa 300 m sollte der Ballon zuerst niedergehen, allein ein heraneilender Eisenbahnzug machte es ratsam, eine andere Stelle aufzusuchen. Der auf Geheiß des Herrn Securius durch Herrn Lotter bereits ausgeworfene Anker wurde wieder heraufgezogen und dafür etwas Ballast aus dem Sandsack, der Herrn Lotter an den Fuß geschnallt war, ausgeworfen. Der Ballon stieg nun wieder etwa 1200 m in die Höhe und ging erst an der Kelter in den Weinbergen bei Sulzgries (Esslingen), welchen Platz der Luftschiffer zum Absteigen als günstig befunden hatte, nieder. Der Anker wurde wieder ausgeworfen und der Ballon auf das gegebene Signal von Einwohnern von Sulzgries, die demselben gefolgt waren, in Empfang genommen. Während der Luftfahrt selbst, die Herr Lotter mit Unerschrockenheit und Geistesgegenwart mitgemacht hatte, führte Herr Lotter prompt die Weisungen des Luftschiffers aus und die schöne Fern- und Umsicht wurde bei einer Flasche Wein, die von den Passagieren zur Stärkung mitgenommen war, in heiterster Stimmung genossen. Auch vom Salon aus wurde von hiesigen Freunden des Herrn Lotter das Aufsteigen und die ganze Fahrt des Ballons beobachtet. Herr Securius ist seinem wackeren Assistenten so dankbar, dass er denselben zu seiner nächsten Auffahrt in Karlsruhe aufs freundlichste eingeladen hat.“

Ob Wilhelm Lotter daran teilgenommen hat, ist leider nicht überliefert.

Ein Leichenfeld mit Parkcharakter

In der zweiten Hälfte des 18. Jahrhunderts wurde der Alte Friedhof angelegt. Wegen Seuchen und Krankheiten verlagerte die Stadt damals die Begräbnisse vor ihre Tore. Missstände gibt es trotzdem. Zum Beispiel Hunde, Raucher und stehlende Kinder. Und auf die erste Friedhofskapelle mussten die Ludwigsburger über 100 Jahre warten.

Wenn die Ludwigsburger im November ihre Friedhöfe besuchen, führt mancher Weg auch zum Alten Friedhof zwischen Harteneck- und Schorndorfer Straße. Grablichter erhellen den dunklen Ort, tauchen ihn in ein mystisches Licht und unwillkürlich wird man an eine längst vergangene Zeit erinnert.

Auf einigen Grabmalen sind Namen berühmter Persönlichkeiten zu entdecken. So zum Beispiel das, an der Mauer angelegte, eher bescheidene Grab des letzten Königs von Württemberg, Wilhelm II. Im Gegensatz dazu ist das Mausoleum des Reichsgrafen Carl von Zeppelin ziemlich imposant. Und noch weitere, mehr oder weniger bekannte Persönlichkeiten, haben auf dem Alten Friedhof ihre letzte Ruhe gefunden.

In der Oberamtsbeschreibung von 1859 ist über den Alten Friedhof zu lesen, „die zahlreichen Trauerweiden, deren lichtes Grün zuweilen von dunklen Tannen unterbrochen wird, geben diesem Leichenfeld das Ansehen eines Lustwäldchens“. Heute gleicht die Ruhestätte eher einem herrlichen Park, so still und geheimnisvoll ist dieser Ort.

Der Alte Friedhof war natürlich nicht schon immer alt. In der zweiten Hälfte des 18. Jahrhunderts wurde er angelegt und löste damit den bisherigen Begräbnisplatz ab, der gegenüber dem Arsenalgebäude (am Arsenalplatz) im Jahr 1719 angelegt worden war. Dabei ging es auch um das Thema Hygiene. Die Stadtbehörden veranlassten damals, die Friedhöfe am Rande der Stadt anzusiedeln, denn Seuchen und ansteckende Krankheiten waren an der Tagesordnung.

Davon berichtet ein Beitrag in der Zeitung aus dem Jahr 1866. Der an Pocken erkrankte wohlhabende Händler Georg Bauz starb am 27. Januar 1866 und wurde am nächsten Morgen in der Früh um sechs Uhr, „während noch die Nacht ihre Fittiche über Stadt und Land ausbreitete, nicht in der Gräberreihe, sondern hart an der Mauer ins kühle Grab versenkt“. Dieser Umstand rief allgemeine Kritik hervor, denn bei einem Ehrenmann wäre eine Ausnahme und damit eine ehrenvolle Beerdigung begründet gewesen, so die Meinung damals. Die Sanitätspolizei erwiderte auf die Kritik zum nicht standesgemäß beerdigten Georg Bauz, „dass es sich hier nicht um die Bevorzugung des Standes, sondern dass auf die große Ansteckungsgefahr der Krankheit des Verstorbenen Rücksicht genommen wurde. Georg Bauz wird trotz dieser Beerdigung bei niemand an seiner Ehrenhaftigkeit Einbuße leiden“.

Weitere Missstände verursachten bei Trauergästen und Besuchern des Alten Friedhofs Ärger und Unmut, auf die in der Zeitung hingewiesen wurde. Einmal waren es die herumstreunenden Hunde, dann die „Unsitte, dass erwachsene Personen auf den Gottesacker kleine Kinder mitnehmen, durch deren durchdringendes Geschrei und sonstiges Gelärm nicht nur der Redner am Grabe oft unterbrochen, sondern auch das zur Andacht gestimmte Gefühl der um das Grab Versammelten auf eine unverantwortliche Weise beleidigt wird, abgesehen davon, dass hierdurch den Zuhörern manches von der Rede ganz entgeht“. Zudem wurde öfters bemängelt, „dass auf dem hiesigen Kirchhof die mit sorgfältiger Mühe gepflanzten und gepflegten Blumen auf den Gräbern schonungslos entwendet werden“, wie die Zeitung damals berichtete.

Obwohl Rauchen verboten war, hielten sich manche nicht daran. So geschehen im Februar 1864: „Es verdient wohl öffentlich gerügt zu werden, dass bei einer Beerdigung, während der Leichenrede und des Gebets am Grabe, ein Individuum aus Oßweil mit brennender Zigarre im Munde dastand.“

Die Friedhofsordnung zählt zahlreiche Missstände auf

Weiteres Unbehagen bereitete das Fehlen einer Möglichkeit, sich bei Regenwetter unterstellen zu können, wie es im nasskalten Winter 1863 vonnöten gewesen wäre. „Die außerordentlichen Temperaturverhältnisse dieses Winters steigerten sich gestern in beinahe unerhörter Weise. Nachdem vormittags und über den Mittag ein wahrer Märzsturm durch die Straßen gerast und manchen Ziegel von den Dächern und eine Menge Äste von den

Bäumen geworfen hatte, brachte er gegen 3 Uhr heftigen Regen, und um 4 Uhr brach sogar ein förmliches Gewitter mit Sturm und Hagel aus. Wir erfahren, dass dadurch eine Trauerversammlung, die gerade auf dem Kirchhof sich befand, in der Weise gestört wurde, dass der Geistliche plötzlich seine Rede abbrechen musste und die Anwesenden gezwungen waren, sich in die nächsten Häuser der Schorndorfer Straße zu flüchten, und es muss bei solchen Verhältnissen die baldige Erbauung einer Friedhofskapelle als ein wahrhaft dringendes Bedürfnis bezeichnet werden."

Dieser Gewittersturm brachte dann auch Bewegung in die schon längst geforderte Erbauung einer Friedhofskapelle. Schon im Februar 1863 versammelten sich Einwohner aus Ludwigsburg, um über die Finanzierung zu beraten. Ein Kreis hiesiger Damen rief eine Lotterie ins Leben und eröffnete einen Basar. Am 17. Juni 1863 wurde die freudige Nachricht bekanntgegeben: „Der Reinertrag der Lotterie des Frauenvereins für Erbauung einer Friedhofskapelle beträgt 3468 Gulden, 3 Kreuzer."

Auch vor dem Opferstock machen die Diebe keinen Halt

Die Aufstellung eines Opferstocks auf dem Friedhof war zwar gut gemeint, verfehlte aber ihren Zweck. „Soeben hören wir, dass der Opferstock auf dem hiesigen Friedhof schon wieder von der Hand eines heillosen Buben demoliert und seines in mehreren Gulden bestehenden Inhaltes beraubt wurde", berichtet unsere Zeitung 1865. Zur Entdeckung des Übeltäters setzte der Gemeinderat eine Belohnung von 50 Gulden aus. Noch einige Male wurde der Opferstock seines Inhaltes beraubt, die Täter konnten nicht gefasst werden.

Endlich, zwei Jahre später, am Ostersonntag, 21. April 1867 morgens um acht Uhr, wurde die Friedhofskapelle feierlich eingeweiht. Ein langer Zug formierte sich um 7.30 Uhr vor dem Rathaus, voran sämtliche Geistliche und der Gemeinderat, gefolgt von einer ganzen Heerschar Ludwigsburger Einwohner.

Wenn man heute den Alten Friedhof über den Eingang an der Schorndorfer Straße betritt, steht man gleich vor der Friedhofskapelle, die 1957 zu einem Krieger-Ehrenmal umgestaltet wurde.

Mit heißem Ziegelstein durch den Schnee

Heute sind Schlitten vor allem ein winterliches Vergnügen. Bevor die Bahn und das Auto ihren Siegeszug antraten, waren sie dagegen in schnee- und eisreichen Wintern das einzige Transportmittel. Auch Unfälle blieben nicht aus.

Im Januar 1881 fuhren Sohn und Tochter des Adlerwirts aus Eglosheim zu Einkäufen nach Ludwigsburg. Mit verheerenden Folgen. Die Zeitung berichtet damals: „Der mit einem Pferd bespannte Schlitten bewegte sich am Nachmittag den Kaffeeberg hinab und wollte in die Schlossstraße einbiegen, als ein dort fahrender vierspänniger und hochbeladener Schlitten eines Marbacher Müllers ins Rutschen kam und im Umfallen den Eglosheimer Schlitten völlig bedeckte. Die Tochter vermochte sich gerade noch durch einen Sprung zu retten. Soldaten, die sich in der Nähe befanden, eilten herbei und schafften die mit Frucht gefüllten Säcke zur Seite. Der Schlitten war zwar gänzlich zerstört, doch den Sohn, der den Schlitten gelenkt hatte, fand man unverletzt, obgleich keiner der Augenzeugen ihn noch lebend vermutet hatte. Auch das ganz zugedeckt gewesene Pferd trug keine Verletzungen davon. Den Führer des Mühlewagens trifft keine Schuld, er hatte die bei der Schneebahn nötigen Vorsichtsmaßregeln getroffen und war langsam und in der Mitte der Straße gefahren.“

Wird das Fell von Katzen im Winter zu Decken verarbeitet?

Wenige Stunden zuvor kam ein Schlitten beim Einfahren aus der Charlotten- in die Schlossstraße ebenfalls ins Rutschen und fiel um. Auch hier blieben die fünf Insassen, die zu einer Hochzeit fahren wollten, unverletzt.

Nicht nur die Schlitten der Fuhrleute und sonstige Arbeitsschlitten belebten das winterliche Straßenbild. Wie im Sommer die Kutschen, benutzte die bessere Gesellschaft ein-, zwei- und vierspännige Schlitten, um ihre mehr oder minder nötigen Ausfahrten zu machen.

Das Schlittenfahren entwickelte sich im Bürgertum und weiten Teilen der Bevölkerung zum vergnüglichen und sportlichen Zeitvertreib. Viele Vereine in

Ludwigsburg boten ihren Mitgliedern zünftige Schlittenfahrten mit bis zu 16 Personen an. Diese Gesellschaftsschlitten waren komfortabel ausgestattet. In Pelzdecken eingehüllt sowie von unten gewärmt, im Sitz befand sich ein heißer Ziegelstein, konnte die vergnügliche Fahrt beginnen.

Die Schlittengestelle waren grün, blau, gelb oder scharlachrot lackiert, ausgelegt mit farblich abgestimmter Tuchbespannung, verziert mit bunten Borsten und Quasten, ausgestattet mit einer Laterne, einem roten Leitseil und einem lieblich klingenden Glockenspiel.

In den Kufen war ein Rollengeschirr aus Metall eingebaut, so konnte die Schlittenpartie auch bei weniger schneereichen Wegen ohne Hindernis fortgesetzt werden.

Aus welchem Pelz die Decken hergestellt waren, wird nicht berichtet. Einen bösen Verdacht äußert im Februar 1860 der Schreiber eines Leserbriefes: „Man hört häufig Klagen, dass Hauskatzen in den Wintermonaten gefangen werden, hauptsächlich von Häusern außerhalb der Stadt, wo dann der Pelz abgezogen und verkauft wird. Da gerade in solchen Häusern eine gute Katze oft nicht zu bezahlen ist, so möchte dem Polizeipersonal dringend geraten werden, dass man solchen Katzenjägern auf die Spur komme, und sie zur Strafe gezogen werden."

Dem Schlittenvergnügen tat dieser böse Verdacht keinen Abbruch. Als Anfang Dezember 1875 genügend Schnee lag, wurde zu verschiedenen Schlittenfahrten eingeladen. Das bürgerliche Schützenkorps veranstaltete am Nikolaustag eine Schlittenpartie nach Schwieberdingen, an der sich mehr als 20 Schlitten verschiedenster Ausstattung beteiligten.

Am 8. Dezember 1875 fuhren die Offiziere des Füsilier-Bataillons Nr. 122 in sechs Schlitten nach Bissingen, wobei zwei als Turkos verkleidete und demgemäß kolorierte Soldaten in ihrer malerischen Tracht viel Aufsehen erregten." (Turkos oder Turcos ist der Spitzname der seit 1842 bestehenden algerischen und tunesischen Schützenregimenter des französischen Heeres.)

Am 9. Dezember 1875 lud das Offizierskorps des Königlich 2. Ulanen-Regiments zu einer Schlittenfahrt ein, an der sich auch Damen beteiligten. In 13 flotten Schlitten ging's über Stuttgart nach Cannstatt ins Wilhelmsbad, wo die Gesellschaft, empfangen von der per Bahn vorausgesandten Regimentsmusik, sich in „heiterster Weise amüsierte". Die Ludwigsburger Bürgergesellschaft zog es eher in die Nähe, etwa nach Bietigheim wie die Zeitung damals berichtet: „Nachdem der Winter uns nochmals eine gute Schlittenbahn gebracht, hat die Bürgergesellschaft eine Schlittenpartie nach Bietigheim veranstaltet, welche große Beteiligung fand. In den hübschen Räumen des ‚Gasthofs zur Krone' entwickelte sich bald unter der zahlreichen Gesellschaft, verstärkt noch durch eine Anzahl der per Bahn eingetroffenen Nachzügler, ein gemütliches Treiben. Gute Musikvorträge, verschiedene Tänzchen, an denen sich Alt wie Jung beteiligten, sowie auch die treffliche Bewirtung des Herrn Posthalters Huß ließen die Stunden rasch enteilen und für manchen zu früh musste der Rückweg angetreten werden."

Wahrlich, die kalten und schneereichen Winter schenkten der besseren Gesellschaft beste Unterhaltung.

Doch wie sah es bei den Kindern aus? Durften sie das winterliche Vergnügen damals auch genießen? Mitnichten! Die schlittenfahrenden Kinder waren vielen Ludwigsburgern ein Ärgernis. Doch auch die Kleinen wollten damals natürlich ihren Spaß haben. Daraufhin beschwerte sich ein Ludwigsburger Bürger im Winter 1846 in einem Leserbrief. „Man erlaubt sich, die hiesige Polizei, welche in neuerer Zeit eine recht lobenswerte Tätigkeit entfaltet, darauf aufmerksam zu machen, dass, besonders an Sonntagen, gegenwärtig das Schlittenfahren der Kinder an Bergabhängen innerhalb der Häuserreihen sehr überhandnimmt, woraus für Fußgänger leicht ein Unglück entstehen kann. Dieser Unfug muss unterbunden werden, und wir dürfen hoffen, dass demselben jetzt bald ein Ende gemacht wird. Wir wollen den Kindern das Vergnügen des Schlittenfahrens herzlich gern gönnen, nur sollte dasselbe auf Plätze beschränkt bleiben, wo der Wandel nicht dadurch gefährdet wird." Zudem wurde darauf hingewiesen, dass „der Jugend das Fahren mit Schlitten sowie das Schleifen und Schlittschuhlaufen an Straßenabhängen, öffentlichen Plätzen und Trottoirs bei Strafe untersagt ist."

Im Dezember 1849 werden drei Kinder in einen Unfall verwickelt

Am 3. Dezember 1849 kam es in Pflugfelden zu einem Unfall. Drei Kinder, welche am Eingang des Ortes Schlitten fuhren, wurden von einem Pferdschlitten überfahren, eines wurde dabei schwer verletzt. Prompt kam vonseiten der Behörde die Erinnerung, „möchte doch nicht nur hier, sondern auch in den benachbarten Dörfern der Jugend das Schlittenfahren auf Hauptstraßen streng untersagt werden, damit weiteren Unglücksfällen vorgebeugt wird". Die feine Gesellschaft genoss indes weiterhin ungetrübt die winterlichen Freuden.

Was ist gut für unsere Töchter?

Das Frauen- und Mädchenbild war im 19. Jahrhundert eindeutig: Kochen, handarbeiten und eine gute Ehefrau sein standen oben. Aus der Erziehung für die Töchter entwickelte sich aber auch das Schulwesen für Mädchen und das Ludwigsburger Lehrerinnenseminar. Aus dem ging die erste Lehrerin Württembergs hervor.

Am 18. Februar 1875 erschienen unter dem Titel „Was ist gut für unsere Töchter?" folgende Überlegungen in der Ludwigsburger Zeitung:

- Gebt ihnen eine ordentliche Schulbildung.
- Lehrt sie ein nahrhaftes Essen kochen.
- Lehrt sie waschen, bügeln, Strümpfe stopfen, Knöpfe annähen, ihre eigenen Kleider machen und ein ordentliches Hemd.
- Lehrt sie Brotbacken, und dass eine gute Küche viel an der Apotheke spart.
- Lehrt ihnen, dass ein rundes, volles Gesicht mehr wert ist als 50 schwindsüchtige Schönheiten.
- Lehrt ihnen, dass ein rechtschaffener Handwerker in Hemdsärmeln und Schürze, selbst ohne einen Pfennig Vermögen, mehr wert ist als ein Dutzend reich gekleideter und vornehmer Tagediebe.
- Lehrt ihnen, dass eine Mark 100 Pfennige wert ist, und dass nur diejenige spart, die weniger ausgibt, als sie einnimmt und dass alle, die mehr ausgeben, verarmen müssen.
- Lehrt ihnen, dass ein bezahltes Baumwollkleid besser kleidet als ein seidenes, wenn man Schulden hat.
- Lehrt ihnen einfachen, gesunden Menschenverstand, Selbstvertrauen, Selbsthilfe und Fleiß.
- Lehrt ihnen Gartenarbeit und die Freuden der freien Natur, und dass Spaziergänge besser sind als Spazierfahrten.
- Lehrt ihnen, wenn sie Geld dazu haben, auch Musik, Malerei und alle Künste, bedingt aber immer, dass es Nebensachen sind.
- Lehrt sie allen bloßen Schein verachten, und dass, wenn man Nein oder Ja sagt, man es auch wirklich so meinen soll.
- Lehrt ihnen, dass das Glück in der Ehe weder von dem äußeren Anstand noch von dem Geld des Mannes abhängt, sondern allein von seinem Charakter.

„Habt ihr ihnen das beigebracht und sie haben verstanden, dann lasst sie, wenn die Zeit gekommen ist, getrost heiraten: Sie werden ihren Weg dann schon allein finden."

Die im November 1850 von dem damaligen Mädchen-Schullehrer Buhl gegründete Fortbildungsanstalt für konfirmierte Töchter hatte sich diese Anregungen schon längst zu eigen gemacht und sogar in der damaligen Zeitung für alle sichtbar veröffentlicht. „In dieser Anstalt wird den jungen Mädchen Gelegenheit gegeben, ihr während der Schuljahre erworbenes Wissen und Können zu ergänzen, indem sie teils in Arbeiten, teils in Kenntnissen, die dem weiblichen Geschlecht zugeordnet sind, unterrichtet werden. Die Arbeiten bestehen im Weißnähen im ganzen Umfang mit Übungen in zweckmäßiger und schöner Flickerei, im Straminnähen, Sticken und – falls eine entsprechende Anzahl Töchter es wünschen sollte – im Kleidermachen. Der weitere Unterricht umfasst die Anleitung zur Führung eines geordneten Hausbuches. Der Unterricht wird das ganze Jahr hindurch jeden Tag, mit Ausnahme des Samstags, während der drei Nachmittagsstunden von 2 bis 5 Uhr in einem eigenen, zweckmäßig dazu eingerichteten Zimmer erteilt. Für sämtlichen Unterricht an der Fortbildungsanstalt hat eine Tochter monatlich 6 Kreuzer an die Stadtkasse zu entrichten, während der Unterricht für Kinder unbemittelter Eltern unentgeltlich erteilt wird."

Somit war Mädchen aus jedem Stand die Gelegenheit gegeben, sich durch Unterricht in den verschiedenen Handarbeiten, „die für eine tüchtige Hausfrau den schönsten Schmuck bilden", weiterzubilden.

Schon ein Jahr später, 1851, besuchten 223 junge Mädchen die Fortbildungsanstalt, mittlerweile Volks-Industrieschule genannt, die von drei Lehrerinnen, Fräulein Uber, Fräulein Käferle und Fräulein Schlienz unterrichtet wurden. Im April desselben Jahres gab es einige unschöne Vorfälle in der Schule. Unbekannte Täter verübten „schändliche Bosheiten", die Zeitung berichtete darüber: „Dreimal innerhalb 14 Tagen wurden einzelne Näharbeiten der älteren Mädchen, die in einem verschlossenen

Kasten in der Schule aufbewahrt waren, auf heillose Weise zerschnitten. Es sind die größeren Arbeiten, Hemden und dergleichen, die von den Mädchen nicht jedes Mal mit nach Hause genommen werden können. In einem solchen in der Arbeit befindlichen Hemde fand sich sogar ein Fratzen-Gesicht eingeschnitten. Warum die Arbeiten der beiden jüngeren Klassen in demselben Kasten immer unberührt gelassen und nur die der Klasse von Lehrer Buhl beschädigt wurden, warf viele Fragen auf. Den Schlüssel zum Kasten hatte nur die 1. Industrielehrerin in Händen; auffallend ist aber an dem Schloss des Kastens, dass es mit einem falschen Schlüssel geöffnet worden war; auch sind die beschädigten Arbeiten immer wieder in ihren früheren Zustand gebracht, so dass man auf den ersten Anblick nichts bemerkt. Diese mit teuflischer Bosheit ausgedachten Beschädigungen können nicht von den Mädchen selbst geschehen sein, da sie in den Arbeitsstunden immer unter Aufsicht in der Schule sind. Möchte es gelingen, den Urheber dieser Schandtat ausfindig zu machen und ihn der öffentlichen Verachtung und gerechten Strafe zu überliefern. Man hofft von dem wohllöblichen Stiftungsrat, dass er eine angemessene Belohnung auf die Entdeckung des Täters setzt und durch energische Maßregeln weitere Beschädigungen verhütet."

Mädchenschulmeister Buhl hat sich in den vielen Jahren seiner Dienstzeit für die Belange der weiblichen Schuljugend verdient gemacht. Er gründete im Januar 1859 in der Schlossstraße 23 ein Seminar, in dem Lehrerinnen in den Elementarfächern Schreiben, Lesen und Rechnen ausgebildet wurden. Die Aufgabe des Seminars sollte darin bestehen, „Frauen von entsprechender Begabung, die sich dem Unterricht und der Erziehung der Jugend widmen wollen, ausreichend Gelegenheit zu bieten, auf dem Grunde des evangelischen Bekenntnisses sich für diesen Beruf in seinen verschiedenen Zweigen angemessen zu bilden".

Am 21. Oktober 1861 bestand als erste Lehrerin Württembergs Fräulein Bertha Lechler aus Ludwigsburg die Prüfung im hiesigen Lehrerinnenseminar und erhielt ihre Anstellung in der Elementarklasse der Ludwigsburger Mädchen-Volksschule. Im Frühjahr 1873 wurde das Lehrerinnenseminar nach Markgröningen verlegt.

Ein imposanter Zug durch die Stadt

Eskimos, Salzsieder und sogar ein Zirkus: Schon im 19. Jahrhundert herrschte im Fasching ein buntes und wildes Treiben in Ludwigsburg. Bürger, Vereine, Musiker - alle sind beim großen Spektakel dabei. Eine Beschreibung des Umzugs aus dem Ludwigsburger Fasching anno 1882.

Eigentlich haben die tollen Tage im evangelischen Württemberg keine Tradition. Das Land hatte sich 1534 für den evangelischen Glauben entschieden und bei der konfessionellen Umgestaltung wurden alle bisherigen katholischen Traditionen abgeschafft, dazu gehörte auch der Fasching.

Herzog Karl Alexander, der von 1733 bis 1737 Württemberg regierte, war aber in Wien zum katholischen Glauben konvertiert und hatte dort den Karneval kennen- und schätzen gelernt und wollte ihn nun auch in seiner Residenz Ludwigsburg hoffähig machen. Der Herzog führte 1735 eine Karnevalsordnung ein, die von der protestantischen Bürgerschaft „zähneknirschend“ angenommen wurde.

Am 12. März 1737 starb der erst 53-jährige Herzog kurz nach den Faschingsfeierlichkeiten. Die Leibärzte schrieben in sein Sektionsprotokoll, er sei erstickt, weil „seine Brust voll von Staub, Rauch und Dampf des Karnevals war“.

Obwohl Ludwigsburg beispielsweise um das Jahr 1884 etwa 14 000 evangelische Einwohner und nur gut 2000 Katholiken zählte, wurde an der herzoglichen Karnevalsordnung auch im 19. Jahrhundert weiterhin festgehalten. Während der Faschingszeit herrschte ein buntes Treiben in der Stadt und in den Gasthäusern.

Sämtliche Vereine veranstalteten eigene Maskenbälle. Verschiedene Schneider hatten sich auf die Herstellung von Maskenanzügen aller Art spezialisiert und sie fertigten nicht nur Herren-, Damen-, und Kindermasken aus „feiner und feinster Wachsmasse“, sondern auch ganz nach Wunsch „Karikatur-Charaktermasken“ an.

Ein sprachgewandter Redakteur beschrieb humorvoll seine Eindrücke vom Faschingsumzug am 21. Februar 1882: „Am Faschingsdienstag schien es so, als sollte der Umzug durch die Stadt nicht zustande kommen, wirbelnde Schneeflocken fielen in Massen aus höheren Regionen auf die Straßen der Feststadt und versetzten dieselben in einen rutschigen und

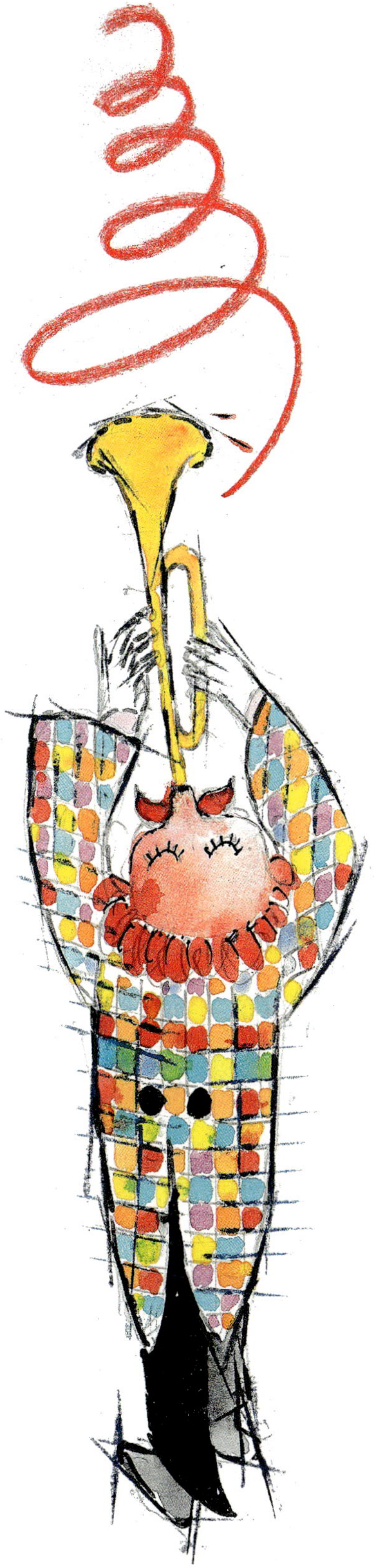

schmutzigen Zustand. Allein um die Mittagszeit hörte das Weiß auf, herabzufallen und der Himmel klärte sich etwas auf. Kaum war der Löffel gewischt, wurde es lebhaft auf den Straßen.

Auf dem Marktplatz wurde der aus mehr als 30 Wagen bestehende Zug auf geschmackvolle Weise arrangiert. Den interessanten Zug eröffnete ein Stallmeister in rotem Frack, reich dekoriert, zur Linken einen fidelen Lakaien, ihnen folgten Herolde, Landsknechte, Reisende, Gäste aus fremden Ländern, denn wir sahen Beduinen, Rothäute, Feuerländer, Chinesen und Japanesen, aber auch persönliche Adjutanten des Prinzenpaares usw., alle hoch zu Ross und fest auf dem Sattel sitzend und im Bügel stehend.

Zwei Musikcorps begleiteten den imposanten Zug. Dem ersten Musikcorps folgte der prachtvoll dekorierte, mit 6 stattlichen Rappen bespannte Wagen, auf welchem das Prinzenpaar und der zahlreiche Hofstaat Platz genommen hatten. Das Gewand des Prinzen und der so hübschen Prinzessin war ein überaus kostbares und glänzendes.

Nun folgten auf Pritschen-, Jagd-, Landauer- und anderen Wagen, auch in Droschken u. a. der gestrenge Herr Bürgermeister ‚von Schleifenstein', der dem Kollegen der Feststadt herzlichst die Bruderhand gereicht haben soll; des ersteren Gemahlin, ein blitznettes Weibchen, saß mit leuchtenden Augen zu seiner Linken; die hochweisen Schöffen und Räte, auch diese in gewählten Rokokokostümen; auch der Amtsschreiber, Nachtwächter und selbst der Kaminfeger durften natürlich nicht fehlen.

Auf weiteren Wagen waren die Haller Salzsieder und Siederinnen in ihren bekannten malerischen Trachten versammelt; ihnen schlossen sich die Festjungfrauen in ihren schmucken Kleidern an, diesen wieder die städtischen und ländlichen Gesangvereine, die zum Feste geladen waren, und die mit ihren zahlreichen und stattlichen Fahnen Aufsehen erregten. Und nun das gemeine Volk, wie zahlreich war solches zu schauen! Engländer und Russen, Franzosen und Orientale, Italiener und Andalusier waren mit Schwert und Panzer, mit Koller und Quaste und vielem anderen zu erblicken.

Im Zuge war – eine wirklich sinnige Idee – ein stattlich ausstaffiertes Dampfschiff zu sehen, auf dem wir neben dem gebräunten Kapitän einen tüchtigen Steuermann und zahlreiche Matrosen und Schiffsjungen, neben Gestalten aus den Südseeinseln auch einen echten Eskimo bewundern durften. Das alte Weib mit ihrem ununterbrochen schnullenden Enkel hat ebenso viel Spaß und Lachen hervorgerufen wie das famose Freundespaar ‚Eisele und Weisele', welches sich zum Ergötzen aller auf der etwas gefährlichen Schaukel durch die ganze Stadt in ununterbrochener Bewegung befand.

Eine der schönsten Gruppen des Zuges bildete der Zirkus Oha mit seinen zahlreichen Teilnehmern; Direktor, Regisseur, Miss Wanda, die lustigen Clowns, die famosen Turner, die Mohren und Chinesen, die gestern im Gasthaus Bären ihre Sachen so gut gemacht hatten und welche alle in prächtigen Kostümen sich zeigten, durften selbstverständlich heute auch nicht fehlen.

Um ½3 Uhr kam der Zug vom Marktplatz aus in Bewegung und wurde auf seinem Wege stets begleitet von einer überaus großen Zahl Schaulustiger, welche aus nah und fern herbeigeströmt waren, etwas so Seltenes und Schönes mit anzusehen. Nachdem die Hauptstraßen der Feststadt durchwandert waren, wurde vor dem Gasthaus zum Bären Halt gemacht und alles wärmte und erfrischte sich.

Natürlicherweise folgte auch noch ein Tänzchen in Ehren; aber früher als gestern wurde das Bett aufgesucht, um heute wieder frisch und munter seinem Alltagsgeschäft nachgehen zu können."

Der Storchenkrieg von Ludwigsburg

1875 entbrennt in unserer Zeitung völlig unvermittelt ein „Storchenkrieg“. Anlass ist die Frage, ob Störche gut oder schlecht für die Landwirtschaft und die Natur sind. Während die Ludwigsburger streiten und zetern, ringen sich die Oßweiler zu einem klaren Bekenntnis durch: Auf ihrer Kirche errichten sie ein Storchennest.

Im Februar 1875 erregte eine Mitteilung aus Riedlingen an der Donau, die in der Zeitung veröffentlicht wurde, die Gemüter hiesiger Bürger. In dieser ging es um die Bitte, die Störche zu jagen und zu töten. Man muss dazu wissen, dass die weitläufigen, feuchten Auen an der Donau bei Riedlingen damals ein Eldorado für Störche waren. Und dies hatte sich wohl auch in der Storchenwelt herumgesprochen beziehungsweise herumgeklappert. Denn jedes Jahr siedelten sich neue Pärchen dort an.

In besagtem Februar platzte den Riedlinger Stadtvätern schließlich der Kragen. Alle Besitzer von Jagdkarten wurden aufgefordert, „die Störche, da diese als höchst schädlich anerkannt sind, außerhalb der Brutzeit, also sofort nach ihrer Ankunft in den Auen, vor dem Beginn des Brütens, zu erlegen.“

Ein Ludwigsburger Bürger sandte daraufhin am 12. Februar 1875 einen Leserbrief an die Ludwigsburger Zeitung.

„Der Artikel vom Oberamt Riedlingen, das Erschießen der Störche betreffend, ist mir sozusagen ganz aus der Seele gesprochen. Ich weiß zwar, dass der Storch wegen seines gravitätischen Ganges, seines lustigen Geklappers, seines majestätischen Fluges beim Volk in Ansehen steht. Ich weiß, dass derselbe wegen seines Wohnens auf der Kirche für ein heiliges Geschöpf gehalten wird, dessen Tötung Hagelschlag oder sonstiges Unglück nach sich zieht. O sancta simplicitas! Was ist denn der Storch? Ein Storch, der ungeheuren Schaden, besonders dem Landmann bereitet; denn gerade die Tiere, welche dem Bauern nützen, verschlingt er, als das sind: Kröten, Frösche, Blindschleichen, und besonders die Brut der auf dem Boden nistenden Vögel sowie eine Masse von honigsaugenden Bienen. Nun was nützt er? Nichts, gar nichts; sein Fleisch ist ungenießbar, seine Federn wie seine Kiele sind nicht zu benützen; oder ist etwa das ein Nutzen, dass er das Kirchendach weißelt? Halt! Auch das ist ein Schaden,

denn dadurch gibt er dem Moos und den Flechten auf dem Dach Nahrung. Somit weg mit dem Geschöpf ohne Nutzen, doppelt weg mit dem, der schadet! Fazit? Weg mit dem Storch!“

Die Vermutung, dass nach diesem deutlichen „Pro“ jetzt bei vielen Bürgern ein lautes „Contra-Geschrei“ angestimmt werden könnte, veranlasste die Redaktion der Ludwigsburger Zeitung zu folgendem Hinweis: „Wir dürfen, nachdem nun für die Störche die Vertrauensfrage gestellt ist, wohl an den Vorstand unseres landwirtschaftlichen Bezirksvereins, Herrn Rentamtmann Krieger in Beihingen, ohne Zaudern die Bitte richte, für unseren Bezirk die Initiative zu ergreifen, und trotz der Abschaffung der Todesstrafe eine Anweisung, womöglich auf internationalem Boden, hervorzurufen: ‚Ob Storch oder Nichtstorch?‘.“

Ein Leserbrief aus Sicht der Störche wird veröffentlicht

Ein Ludwigsburger Bürger, höchst erschrocken über diese Meldung, kam nicht umhin, sich mit den gefährdeten Störchen, die noch im Süden überwintern, zu identifizieren. Er sandte am 15. Februar 1875 folgenden Aufschrei an die Redaktion: „Vom Nil: Ein furchtbarer Schrei der Entrüstung klapperte aus allen Storchenschnäbeln im fernen Ägypten, als sie von der Tötung der Störche in Schwaben hörten. Dass der blutige Mordbefehl in diesem Frühjahr in Vollzug komme, wo doch, eh und je, der Lenz und die Liebe unsere Familienfreuden in der schwäbischen Natur begünstigen, muss doch eine solche raffinierte Grausamkeit unsere fühlenden Storchenherzen besonders schmerzlich verwunden. Nie und nimmer hätten wir von den sonst so gemütlichen Schwaben einen solchen Streich erwartet.

Auch im Oßweiler Gemeinderat sind die Tiere ein Thema

Bei allen Völkern und zu allen Zeiten hielt man uns in Ehren. Jung und Alt begrüßt uns mit Jubel als die ersten Frühlingsboten; mit Freuden erwarten uns die Kinder mit ihren Zuckerstückchen und die glücklichen Eltern, wenn wir ihnen die zarten Kinderlein in den Schoß legen; Wiese und Wohnung beleben wir durch unsere freundliche Erscheinung und jetzt brütet auf einmal so ein Wüterich die hässliche Anklage aus, dass wir schädlich seien und gar noch Heumangel und schlechte Ernten verschulden, während doch nur Frösche, Blindschleichen, Schnecken, Maikäfer und anderes Ungeziefer unsere Hauptmahlzeiten bilden. Wir hoffen zuversichtlich, dass wir auch dieses Jahr wieder mit der alten Freundschaft und Gewogenheit in Württemberg empfangen werden."

Während in Ludwigsburg weiter der „Storchenkrieg" tobte, machte man im benachbarten Dorf Oßweil, dem Wesen des Oßweilers gemäß, keine großen Worte. Am 25. Februar 1875 erreichte die Redaktion der Ludwigsburger Zeitung folgende Nachricht von dort: „In Oßweil haben sich einige Handwerksleute dahin geeinigt, wegen Mangel eines Storchennestes in ihrer Gemeinde ein solches gratis zu fertigen. In der gestrigen Gemeinderatssitzung kam solches Ansinnen auf Anregung eines Gemeinderatsmitgliedes zur Sprache und es wurde allgemein das Vorhaben dieser Handwerksleute gutgeheißen. Es wird nun das Kirchendach Oßweils in nächster Zeit ein Storchennest tragen und es ist jetzt der allgemeine Wunsch: die ‚höchst gefährlichen Störche' mögen sich nach Oßweil begeben, wo sie vor allen Nachstellungen sicher und willkommene Gäste sind."

Auch heute hat dieses Konzept noch Konjunktur. Zu den neu gestalteten Zugwiesen am Neckar wollte man vor einigen Jahren ebenfalls die Störche locken. Doch die Storchen-Wohnung auf dem dortigen Aussichtsturm ist noch immer zu vermieten.

„Vater, kommen wir jetzt zur Mutter?“

Im Jahr 1824 schockiert eine brutale Verzweiflungstat die Ludwigsburger. Der einst bekannte und erfolgreiche Schuster Georg Ahles versucht erst, seinen fünfjährigen Sohn und danach sich selbst zu erstechen. Sein Junge stirbt zwei Tage später, Ahles überlebt und wird vor Gericht gestellt.

Am 21. Februar 1824, einem kalten Samstagmorgen, kam es in der sonst so ruhigen Ludwigsburger Karlstraße zu einem ungewohnten Aufruhr. Von allen Seiten liefen die Nachbarn vor dem Haus des Schumachers Ahles zusammen. „Kein Wunder, das musste ja so kommen...“, „Hochmut kommt vor dem Fall...“, „Er ist an allem selbst schuld...“, so die Meinung derer, die ihn zu kennen meinten.

Die Frau des Schlossers Maier war besonders hysterisch. Bei ihr überschlug sich sogar die Stimme: „Hochnäsig, hochmütig, ausschweifend, arbeitsscheu, hing er schon morgens in den Wirtschaften rum...“. Die Vorurteile der Menschen entluden sich und lockten weitere Schaulustige an. Die Frau des Bäckers Müller konnte nur laut gestikulierend beistimmen. Sie hatte als eine der Ersten von der schrecklichen Bluttat erfahren. Ihr Mann und der Schlosser Maier waren am frühen Morgen durch laute Schreie aufgeschreckt worden. Sie hatten die Wohnung des Schusters aufgebrochen und dort ihn und seinen fünfjährigen Sohn, beide mit einem Messer im Leib, gefunden.
Befragt über die Ursache der Tat, soll der Blutüberströmte geäußert haben: Er sei lebenssatt und sein Kind wolle er auch nicht allein im Elend herumlaufen lassen.

Johann Georg Ahles, 1792 in Ludwigsburg geboren, kam nach seiner Konfirmation bei Schuster Geiger in Eglosheim in die Lehre, arbeitete später als Geselle in Ludwigsburg und Stuttgart und machte sich 1818, mittlerweile 26 Jahre alt, mit einem Schuhmachermeister-Geschäft in Ludwigsburg selbstständig. In einer Annonce im Juli 1818 in der Zeitung empfahl er sich „ganz gehorsamst in allen zu seinem Metier gehörenden Arbeiten für Herren sowie für Frauenzimmer, und bemerke dabei, dass ich auch seidene Schuhe für Damen nach neuester französischer Fasson aufs Beste verfertige. Ich werde mir alle Mühe geben, das Zutrauen, womit man mich beehren wird, durch dauerhafte pünktliche und gute Arbeit, und durch bil-

lige Preise zu verdienen, und bitte daher mich eines geneigten Zuspruchs zu würdigen."

Die Geschäfte liefen gut, hatte er sich doch hauptsächlich auf die Bedienung des hohen Adels in Ludwigsburg spezialisiert. Er genoss die Achtung dieser feinen Kundschaft, fühlte sich anerkannt und auserwählt. Seine handwerklichen Fähigkeiten waren gefragt. Er kann sich einige Gesellen sowie Lehrjungen leisten.

Kurz nach Eröffnung seines Schuhmachergeschäftes heiratete er Friederike Deyhle von Stuttgart, die ihm drei Kinder schenkte, wovon aber nur der am 3. Oktober 1818 geborene Sohn am Leben blieb. Knapp vier Jahre währte diese glückliche Ehe. Am 28. Januar 1823 starb seine Frau Friederike mit 29 Jahren an Lungenlähmung.

Am 6. August 1823 ging der Witwer die Ehe mit Magdalena Karolina Endriß aus Stuttgart ein. Bei der Hochzeit war die Frau schon hochschwanger. Die junge Mutter starb bei der Entbindung im November 1823 und das Kind, „das man kurz nach ihrem Tode von ihr schnitt, war ebenfalls tot".

Den Verlust der beiden Ehefrauen, wodurch er als Witwer mit einem Sohn auf sich selbst gestellt war, verkraftete Georg Ahles offenbar nicht. Seine Gemütsstimmungen wechselten. Er litt unter Lebensüberdruss. In dieser Situation verstärkte sich sein Hang zum leichtsinnigen Lebenswandel, er griff immer öfters zur Flasche. Besonders nach dem Tod seiner zweiten Frau saß er mehr im Wirtshaus als in seiner Werkstatt. Seine Gesellen und seine Lehrjungen ließ er unbeschäftigt zurück. Dass sein Geschäft darunter litt und die Kunden ausblieben, verwundert nicht.

Zuerst schickte er einen seiner Gesellen weg, dann die Magd, die ihm angeblich untreu war, dann wollte auch die Frau, die ihm die Schuhe einfasste, nicht mehr bleiben, und endlich hat sein einziger Geselle beinahe nichts mehr zu arbeiten, weil es an Leder und an Geld zur Beschaffung fehlte. In tiefe Scham versetzte Ahles die Tatsache, die Reitstiefel für den Oberleutnant Freiherr von Gaisberg, einen treuen Kunden, nicht mehr fertig machen zu können.

Unfähig, seine betrübliche Lage als selbstverschuldet anzusehen, versank er in Selbstmitleid und endlosem Jammer.

Am Freitagabend, 20. Februar 1824, ging er um sechs Uhr abends niedergeschlagen in das Wirtshaus zur Sonne, trank dort eineinhalb Schoppen Wein à vier Kreuzer, die er nicht bezahlen konnte, und trat gegen sieben Uhr den Heimweg an, zu Nacht isst er nichts.

Nachdem er seinen Buben zu Bett gebracht hatte, legte auch er sich zur Ruhe,

aber seine wirren Gedanken und seine vermeintlich aussichtslose Lage raubten ihm den Schlaf. Nach Mitternacht, der Nachtwächter war schon auf seinem Rundgang durch die Straße gezogen, stand Ahles auf, griff nach einem Küchenmesser, trat an das Bett des Sohnes und stieß mehrfach zu. Der Bub erwachte, schrie und tobte vor Schmerzen, und fragte dann stöhnend: „Vater, kommen wir jetzt zur Mutter?"

Ahles wandte sich ab, ging zu seinem Bett und stach sich mit dem Messer selbst in die Brust.

Die Verletzungen des Vaters waren aber nicht tödlich. Sein Kind jedoch starb zwei Tage später am Sonntagabend gegen acht Uhr an seinen schweren Verwundungen.

Der Ludwigsburger Stadtschultheiß Preyß hatte schon am Tage der Tat Anzeige wegen versuchten Mordes beim Oberamtsgericht erstattet. Der Zustand des Vaters besserte sich im Laufe der folgenden Monate und das Strafverfahren gegen Georg Ahles wurde eingeleitet. Im Verhör gestand er die von ihm verübte Tat und die Absicht, sich und sein Kind umzubringen, und „gab seine hilflosen und verzweifelten Vermögensverhältnisse, Liebe zu seinem Kinde und die Furcht, es fremden Leuten überlassen zu müssen, als Grund des erweiterten Selbstmordes an".

Das Königliche Gericht in Esslingen erklärte „den Angeschuldigten einer vorsätzlichen Tötung für schuldig mit dem Antrag, dass er wegen dieses Verbrechens, neben Bezahlung seiner Haft- und Hinrichtungskosten, durch Enthauptung durch das Schwert vom Leben zum Tode zu bringen sei". Sein Verteidiger ging aber erfolgreich in Revision. Die Todesstrafe wurde zurückgenommen und Ahles trat eine achtjährige Zuchthausstrafe an. Nach der Haft kehrte Johann Georg Ahles nach Ludwigsburg zurück, arbeitete wieder in seinem alten Beruf, verheiratete sich nochmals und seine dritte Frau schenkte ihm zwei Söhne.

„Stadtmauer – fort mit dir!“

Einst war Ludwigsburg von einer sechs Kilometer langen Stadtmauer umgeben. Mitte des 19. Jahrhunderts forderten immer mehr Bürger ihren Abriss. Denn zunehmend wurde sie als Hindernis für den Verkehr und den freien Blick in die Landschaft gesehen.

Es verwundert, dass die Innenstadt Ludwigsburgs einst von einer Stadtmauer umgeben war. Das ist doch eher ein Hinweis auf mittelalterliche Städte. Herzog Carl Eugen hatte jedoch seine eigenen Pläne. Unter seiner Herrschaft wurde 1758 mit dem Bau einer Stadtmauer begonnen, die nach ihrer Vollendung eine stattliche Länge von sechs Kilometern hatte – eine Steinwand, dreieinhalb Meter hoch und 70 Zentimeter dick. Einem Angriff hätte die Mauer sicherlich nicht standgehalten.

Sie galt dementsprechend auch nicht für die Verteidigung gegen einen Feind von außen, sondern zum einen, um der „Gefahr von innen“ vorzubeugen, der Fahnenflucht von Soldaten der Garnison. Zum anderen ermöglichte die Stadtmauer, Zölle einzutreiben.

Und zu guter Letzt konnte sich die Stadt so vor „herumstreifendem Gesindel“ schützen.

Die Stadtmauer umfasste ein Areal, das anfangs nur zur Hälfte überbaut war. Schöne Gartenanlagen und Alleen füllten das übrige Terrain, im südwestlichen Teil wurde sogar noch Ackerbau betrieben.

Die Myliusstraße wird mit Steinen der Mauer aufgeschüttet

Mit dem Bau der Eisenbahnlinie und des Bahnhofs begann der langsame Verfall der Mauer. Immer weitere Teile mussten den Errungenschaften der neuen Zeit, vor allem der steigenden Mobilität geopfert werden. Die Steine, die aus dem Abbruch übrig blieben, verwendete man für die Befestigung der Straßen. Und besonders „die neue Straße zum Bahnhof“, heute Myliusstraße genannt, die bekanntlich auf „seichtem“ Boden lag, wurde mit dem Schutt aufgefüllt. Sie ist im Prinzip eine Rampe von der Innenstadt zum Bahnhof.

Die Einwohner Ludwigsburg zeigten sich äußerst zufrieden, dass die Stadtmauer Stück für Stück verschwand. Warum soll die Stadt ein solches „Hindernis“ mit Steuergeldern weiter erhalten – so war die allgemeine Meinung.

„Stadtmauer – fort mit dir“ lautete der Titel eines Leserbriefes am 2. Juni 1858 in der Zeitung. „Mit Befriedigung hat gewiss ein großer Teil des Publikums vernommen, dass die Stadtmauer an der Heilbronner Straße zum Abbruch kommen soll. Aber ebenso gewiss werden alle Einsichtsvollen wünschen, dass dieselbe überall, wo es irgend tunlich ist, abgebrochen wird. Vom Eglosheimer- bis zum Heilbronner Tor verdeckt sie die schöne Pflanzung der Kastanien an der Talkaserne und verhindert den Anblick auf das Etablissement des großartigen Walcker-Orgelbaus an der Schlossstraße. Vom Schorndorfer Tor bis zum Aldinger Tor versperrt sie die herrlichste Aussicht auf das Neckartal. Warum sollen die Gutsbesitzer durch den Schatten der Mauer zu beiden Seiten benachteiligt sein? Also – fort mit ihr, die Stadt kann durch ihr Hinwegräumen nur gewinnen! Einsparung der Unterhaltungskosten, Schönheit, Zweckmäßigkeit, Nutzen der Angrenzer, alles fordert dazu auf, sie wegzuräumen.“

Doch so schnell ging das nicht. Im Dezember 1858 machte abermals ein Einwohner seinem Ärger Luft, „wann endlich fällt die entbehrliche Stadtmauer? Geht man in die Alleen, die zu Spaziergängen aufs Freundlichste einladen, so hat man stets eine Mauer neben sich, von der man keinen vernünftigen Grund ihres Fortbestehens und ihrer Unterhaltung aufzufinden im Stande ist, während, wenn sie weg wäre, die freundlichste Aussicht sich öffnen und der Wert der angrenzenden Güter sich steigern würde“.

Erst 1880 war die Stadtmauer endgültig Vergangenheit. Heute stehen noch kleine Reste am Schorndorfer und Stuttgarter Torhaus und erinnern recht bescheiden an das ehemals große Bauwerk.

Laut der Oberamtsbeschreibung von 1859 befanden sich in der Stadtmaueranlage vier Haupttore, die mit eisernen Gittertoren versehen waren: Stuttgarter, Heilbronner, Schorndorfer und Pflugfelder Tor, sowie 4 Nebentore: Aldinger, Solitude-, Osterholz- (heute Asperger Tor) und Eglosheimer Tor. Ferner vier Ausgänge für Fußgänger, zwei in den Schlossgarten, einer nach Schloss Harteneck und einer in den Salon. Heute sind noch sechs Torhäuser erhalten, die 2004 aufwendig restauriert wurden.

In den Ludwigsburger Torhäusern befanden sich das Wachlokal der Torwache und die Wohnung des Torwächters. Zudem wurden weitere Zimmer an Privatleute vermietet. Der Torwächter war verantwortlich für das Eintreiben der Zölle und der städtischen Abgaben, dem sogenannten Pflastergeld.

Ende des 19. Jahrhunderts werden auch die Stadttore zu eng

Das Pflastergeld war früher das übliche Wegegeld, das eine Stadt für die Benutzung ihrer Straßen erheben durfte. Es musste ohne Ausnahme für Personen, Fuhrwerke und Tiere gezahlt werden. So wurden etwa 1824 von einem Reiter mit seinem Pferd zwei Kreuzer verlangt, ein beladener Esel brachte einen Kreuzer ein. Ein Pferde- oder ein Ochsenfuhrwerk musste zwei Kreuzer berappen. Die Öffnungszeiten der Stadttore variierten nach Sonnenauf- und -untergang.

Am 1. Mai 1848, das Land stand im Zeichen der „Deutschen Revolution", ritt mittags Seine Majestät der König zur Artilleriemusterung durch das Stuttgarter Tor. Da „fiel ihm ein junger Mann, welcher rechts erhöht stand und nicht zu übersehen war, dadurch auf, dass derselbe unter allen anderen Anwesenden, ihm allein nicht durch Hutabnehmen seine Achtung bezeugte". Diese trotzige „Frechheit" in der ganzen Haltung des jungen Mannes bewog den König, ihn zu fragen, ob er Württemberger und ob er von hier sei? Was der Bursche, immer noch den Hut auf dem Kopf, endlich demselben mit „Ja" beantwortete. Der König, sichtlich unangenehm berührt, fragte beim Wegreiten: Wer der Mensch sei? Und nach erhaltener Antwort – der jüngere Sohn des hiesigen Bäckermeisters Theurer – äußerte der König, es würde ihm leid sein, noch mehr solcher Untertanen zu haben. Dieser Vorfall erregte nicht nur den König, sondern auch die Ludwigsburger Bevölkerung.

1899 waren dann auch die Tore fällig. Für den zunehmenden Verkehr waren die engen Stadttore einfach nicht mehr akzeptabel. Zuerst wurde das Stuttgarter Tor in Augenschein genommen.

Unter der Leitung des Stadtbaumeister Mößner wurden die Pfeiler, rechts und links, um einige Meter nach außen verschoben. Am 21. April 1899 waren die Vorarbeiten für die Pfeilerverschiebung beendet. Die etwa 400 Zentner schweren, von einem Holzrahmen umspannten Pfeiler ruhten auf eisernen Walzen und wurde durch Ansetzen einer Winde bewegt. Jeweils eine Stunde dauerte die Verschiebung und ging ohne Störung vonstatten. Dieses interessante Schauspiel verfolgten viele Zuschauer und alle waren einstimmig der Meinung: „Mit den beiden verschobenen Pfeilern ist endlich ein unangenehm empfundenes Verkehrshemmnis aus der Stuttgarter Straße verschwunden."

Rauchfrei durch die Straßen

Das Thema Tabakqualm war auch im 19. Jahrhundert ein heiß diskutiertes. Auf den Straßen war Rauchen verboten, dafür in den Gaststätten umso beliebter. Sehr zum Ärger vieler Ludwigsburger. Schon um 1850 waren die Gefahren des Rauchens allseits bekannt.

Seit dem 1. August 2007 ist das Rauchen in Gaststätten und allen öffentlichen Gebäuden untersagt. Trotzdem gibt es natürlich auch weiterhin Raucher. Die Außengastronomie boomt, auch wegen der Raucher. Selbst im Winter sitzen sie eingehüllt in Decken draußen und frönen schmauchend ihrer Liebhaberei.

So einfach hatten sie es im 19. Jahrhundert nicht. Das Rauchen von Zigarren und „ungedeckten Tabakspfeifen" war auf den Straßen innerhalb der Stadt verboten.

Die Ludwigsburger Einwohner hielten sich an das Gesetz, denn ein Gulden Strafe und die Konfiszierung der Tabakspfeife waren schon recht heftige Folgen.

An den Stadttoren wurde dieses Polizeigesetz in Form eines Plakats veröffentlicht. Dadurch konnten sich auswärtige Gäste ebenfalls danach richten. Jedoch übersahen die Besucher oft den Aushang, wandelten mit ihren Pfeifen und Zigarren genüsslich durch Straßen und Alleen, und wunderten sich, wenn sie angehalten und bestraft wurden.

Kannenwirt Körner, Obere Marktstraße 4, heftete im Jahr 1842 daraufhin an den Türen seiner Wirtschaftszimmer ein solches Rauchverbot-Plakat an und viele seiner fremden Gäste dankten ihm diese Fürsorge.

Doch was war der Grund für dieses strenge Rauchverbot auf den Straßen?

So ziemlich jede Stadt hat in ihrer Geschichte schreckliche Brände erlebt, die oft ganze Stadtteile hinwegrafften. Eine große Feuergefahr sahen die Stadtväter auch in den glimmenden Zigarren und Tabakspfeifen, die nicht mit einem Deckel versehen waren. Daher erweiterten sie die bestehende Feuer-Polizeiverordnung durch ein Rauchverbot auf den Straßen. „Auf den Straßen innerhalb der Stadt sowie im Schlossgarten besteht absolutes Verbot des Tabakrauchens."

Manche Zeitgenossen empfanden den Qualm aber auch schon damals in geschlossenen Räumen als unangenehm. In einem anonymen Leserbrief beschwerte sich im Dezember 1841 ein Ludwigsburger Bürger

RAUCHEN AUF STRASSEN UND PLÄTZEN verboten
W. Kern

in der Zeitung über eine Veranstaltung im Gasthof Waldhorn: „Am letzten Sonntagabend war die erste Harmoniemusik für diesen Winter im Saale des Gasthofs zum Waldhorn. Der Saal war zahlreich besetzt. Augen- und Ohrenzeugen versichern, die Musik sei gut, das Bier noch besser und der Tabakrauch, der in himmelblauen und katzengrauen Wolken an die Saaldecke hinaufstieg, sei das Beißendste gewesen, was sie je gehört und empfunden hätten. Mehrere Damen, die diese Art von Beize nicht lieben, und welche einen weißen Teint der besten Musik vorziehen, sollen entschlossen sein, sich nicht mehr auf diese Art einzuräuchern zu lassen."

Daraufhin wurde öffentlich die Frage gestellt, ob es spezielle Musikveranstaltungen nur für Nichtraucher geben sollte. Die Bürgergesellschaft startete am 6. März 1842 einen ersten Versuch. „Aus Veranlassung des Geburtsfestes Seiner Königlichen Hoheit des Kronprinzen ist am Sonntag für die Mitglieder der Bürgergesellschaft und ihre Familien, von 7 bis 10 Uhr abends, eine musikalische Unterhaltung im Gasthof ‚zum Waldhorn'. Aus Rücksicht auf die Damen darf im großen Saal nicht geraucht werden."

Nach heftigen Protesten einigten sich die Wirte der größeren Gasthöfe wie „Zum Bären" und „Zum Waldhorn" und boten einen Kompromiss an. „Der unangenehme, durch das massenhafte Rauchen sich entwickelnde Tabaksqualm in geschlossenen Räumen, wird, wegen des zahlreich vertretenen schönen Geschlechts, erst nach Beendigung des Programms gestattet."

Am 31. Juli 1845 erschien folgende aufklärende Anzeige in unserer Zeitung: „Was sagen die Tabakraucher dazu, dass nach der Angabe einer medizinischen Zeitung 26 Prozent der rauchenden Menschen am Lungenkrebs, 10 Prozent am Asthma, und 3 Prozent am Herzschlag sterben, und 25 Prozent sich durch den üblen Geruch ihrer Kleider im öffentlichen Leben schaden, so dass sich feine Personen angeekelt vor ihnen zurückziehen, und dass unter 1000 Zigarrenrauchern 3 an Brandunglücken schuld sind? – Sie werden es nicht glauben, aber es ist so!“

Im Januar 1846 bereicherte der umsichtige Kaufmann Albert Schmid sein Rauchangebot mit Gesundheitszigarren. „Ich kam dieser Tage in den Besitz neu erfundener amerikanischer Gesundheitszigarren, welche, nachdem die Tabakblätter vorher auf künstliche Weise von dem enthaltenen betäubenden und so schädlich auf die Nerven wirkenden Nikotin befreit sind, bereitet werden. Diese Zigarren haben daher für den Raucher den Vorzug, dass sie keinen unangenehmen Reiz auf der Zunge verursachen und auch nicht zu dem sonst häufigen schädlichen Ausspucken und Husten veranlassen. Beim Rauchen wird kein scharfer und bitterer, sondern ein äußerst angenehmer Geschmack im Munde verspürt; auch ist der Rauch wohlriechend und äußerst mild, und daher für die Augen unschädlich.“

1856 wurde von der Landesregierung überlegt, eine Tabaksteuer einzuführen. Am Ende entschied man sich aber dafür, keine Steuer einzuführen. Der Grund: Der Tabakanbau im Land steckte damals in den Kinderschuhen. Und man wollte das Engagement nicht gleich im Keim ersticken. Denn schon im Jahr 1852 hatte der landwirtschaftliche Verein erwogen, den Tabakanbau als neuen Erwerbszweig in hiesiger Gegend zu versuchen. Ein Jahr später zeigte sich schon ein überraschender Erfolg. Fünf Jahre später, im Dezember 1857, heißt es in der Zeitung: „Ludwigsburger Tabak erfreute sich in wenigen Jahren eines weit verbreiteten Renommees“.

Zum Eierlesen nach Poppenweiler

Ostern, das war in Ludwigsburg früher ein ganz besonderes Fest: In den Kirchen reichten die Sitzplätze nicht, für die Feiertage wurden die besten Tiere mit geschmücktem Haupt zur Schlachtbank gebracht und in Poppenweiler trafen sich die jungen Burschen und Mädchen zu einem ganz speziellen Brauch.

Im 19. Jahrhundert waren die Ludwigsburger Kirchen über die Osterfeiertage proppenvoll. Sowohl die evangelische Stadtkirche als auch die gegenüberliegende Garnisonskirche, in der die katholische Gemeinde beheimatet war, verzeichneten zu den Gottesdiensten einen Zudrang, der so ungemein groß war, dass viele Gläubige draußen bleiben mussten.

Das Osterfest 1880, das sehr früh, schon am 28. und 29. März gefeiert wurde, war von herrlichstem Frühlingswetter gekennzeichnet. Die „außerordentlichen Personenzüge“ – wie unsere Zeitung damals schrieb – brachten viele Auswärtige nach Ludwigsburg. So konnte man in den Straßen, am Bahnhof, am Schloss und im Schlossgarten vielen Touristen begegnen. Die heitere Stimmung war auf allen Gesichtern abzulesen: „Frühling ist's!“

Frühling lässt sein blaues Band …
W. Kern

Daraufhin war am 1. April 1880 in der Zeitung zu lesen: „Oh du schöne, oh du herrliche Osterzeit! So durften wir diesmal mit vollem Recht ausrufen; denn trotzdem heuer Ostern ziemlich früh war, so erfüllte sich doch das alte Sprichwort: ‚Weiße Weihnachten, grüne Ostern' wieder einmal so recht. War es darum zu verwundern, wenn von allen Seiten Besucher auch in unserer Stadt eingetroffen sind, was namentlich auch der Eisenbahnkasse zugutekommen dürfte; war es zu verwundern, wenn auch von hier aus in diesen Tagen Tausende nach schön gelegenen Punkten der Umgebung – Römerhügel, Karlshöhe, Burgholzhof, Aussichtsturm – ihre Schritte gelenkt haben, um die milde und kräftige Frühlingsluft zu genießen und die Vegetation in ihrem Fortschreiten zu bewundern?"

Auch der Männergesangverein hielt es für angezeigt, zu einem Spaziergang in die benachbarte Dichterstadt Marbach einzuladen. Der Einladung folgte eine große Zahl von Mitgliedern und deren Angehörige, welche teils den Weg zu Fuß zurücklegen, teils die Bahn von Beihingen aus nahmen. Nach der Stärkung des knurrenden Magens und erquickt an einem vortrefflichen „Weißensteiner Bier", zog man nach der so schön gelegenen Höhe zu Schillers Standbild, wo dem Dichter durch Lied und Wort gehuldigt wurde. Ins Gasthaus zurückgekehrt, wurde weiter gesungen und gezecht, dass die Stunden des Zusammenseins nur zu rasch entflohen. Der größte Teil der Mitglieder fuhr anschließend mit dem Zug zurück, ein anderer kleinerer machte sich zu Fuß auf den Heimweg und hielt noch Rast bei einem vortrefflichen „Lauffener" in der Sonne zu Neckarweihingen.

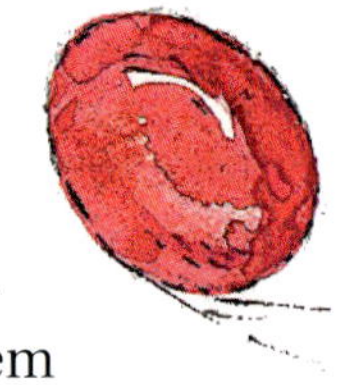

Für die meisten Besucher Ludwigsburgs war 1880 ein herrliches Osterfest. Jedoch nicht ganz so glücklich endete für eine Gruppe Ausflügler der Heimweg von Ludwigsburg abends am Ostersonntag. Durch die Unvorsichtigkeit des Postillions stürzte der zweispännige Wagen zwischen Möglingen und Schwieberdingen in den Chausseegraben und mehrere der Insassen, Bewohner der Strohgäugemeinden, die auf dem Heimweg von Ludwigsburg waren, wurden erheblich verletzt.

War der Ostersonntag vormittags den Gottesdiensten vorbehalten und nachmittags den Ausflüglern, erlaubte der Ostermontag nach der langen Fastenzeit endlich die Freude des Tanzens. Besonders die Jugend schwirrte in die umliegenden Ortschaften, zum Ochsen und zum Adler in Eglosheim, zur Krone und zur Traube in Oßweil, in die Sonne nach Neckarweihingen oder vergnügte sich in den Ludwigsburger Gasthäusern, die alle zu trefflicher Tanzmusik einluden.

Bei Gastwirt Kraft zur Krone in Poppenweiler gab es nicht nur Tanzmusik, nebst Lagerbier, Wein und Speisen, sondern hier wurde ein ganz besonderer alter Osterbrauch in Ehren gehalten. Die ledigen Burschen von Poppenweiler begaben sich am Ostermontag, mittags um 13 Uhr, hinunter zur Oßweiler Neckarüberfahrt (heute das Gebiet der Zugwiesen) und führten die alte Volksbelustigung des „Eierlesens" auf. Erst danach durfte getanzt werden. Leider ist dieser Brauch in Poppenweiler heute nicht mehr bekannt.

Wie so oft hatte die freudige Ausgelassenheit aber auch ihre Schattenseiten. Als ein Ludwigsburger Bäckermeister am Ostermontag 1863 in der Nacht zwischen 23 und 24 Uhr von einem auswärtigen Besuch heimkehrte und über den Marktplatz ging, wurde er von drei Burschen ohne Grund angefallen und dermaßen zugerichtet, dass er sechs Wochen das Bett hüten musste. Erst im Juni 1863 konnte er sich – und zwar auf Krücken – bewegen.

Während sich die Kinder über süße Sachen und Ostereier aus weißem und rotem Zucker sowie über Schokoladenhasen und Osterbackwerk freuten, brachten die Hausfrauen ein besonders gutes Fleisch auf den Ostermittagstisch.

Im März 1853 hieß es in der Zeitung: „Bekanntlich ist es in den meisten Orten Württembergs Sitte, dass die Metzger auf die Osterzeit besonders schönes Ochsen- und Hammelfleisch ihren Kunden feilbieten. Häufig werden diese ausgewählten Tiere mit Bekränzung zur Schlachtbank geführt und der Meister mit seinen Dienstboten erscheint – um diese Zeit besonders säuberlich gekleidet und mit freudestrahlenden Mienen – in der Metzig. Auch in hiesiger Stadt ist etwas von dieser althergebrachten Sitte übriggeblieben. Wenn auch nicht mit viel äußerem Gepräge, so haben sich doch die Herren Metzgermeister trotz der im Verhältnis mit den Viehpreisen sehr mäßigen Taxe des Ochsenfleisches auf rühmliche Weise bemüht, ausgezeichnete Stücke Vieh für die Osterfeiertage zum Verkauf zu bringen. Die Matadore sind aber die Herren Metzger Ortwein und G. Weigle mit einem auf der Domäne Monrepos erkauften Ochsen im Gewichte von 10 Zentner!"

Vom Neckar in die weite Welt …

Der Neckar ist schon lange Dreh- und Angelpunkt für Ludwigsburg. Im 19. Jahrhundert entwickelt sich auf dem Fluss nicht nur der moderne Tourismus mit vergnüglichen Flusspartien. Der Neckar wird auch zu einem wichtigen Transportweg. Zum Beispiel für die Firma Walcker: Die schickt von Neckarweihingen aus ihre Orgelpfeifen in die gesamte Welt.

Im März 1852 hatte der Wirt des Neckarweihinger Brückenhauses, August Huber, eine ganz besondere Idee. Er kündigte ein neu erbautes Neckardampfschiff an, das am 1. April Neckarweihingen passieren sollte. Dieses Ereignis ließ er sogar durch den städtischen Büttel (Ausrufer) in Ludwigsburg verkünden. Das Problem daran: Das Schiff existierte überhaupt nicht.

Als sich die Nachricht von dem nagelneuen Dampfschiff, das angeblich über den Neckar die Stadt passieren sollte, in Ludwigsburg verbreitete, strömten die Neugierigen in Scharen hinunter an den Neckar. Das Schiff aber kam nicht. Dafür machte der Wirt jedoch ein gutes Geschäft, weil die Leute bei ihm einkehrten. Zum Glück nahmen sie ihm den Scherz mit dem Schiff nicht übel. Die Gäste lachten sogar darüber. Die Schiffbarmachung des Neckars von Cannstatt bis Heilbronn blieb damals ein großer Wunsch, der noch lange nicht verwirklicht werden konnte, da der damals nicht kanalisierte Neckar mit seinen gefährlichen Untiefen und Strömungen unlösbare Probleme verursachte.

Flößer aus dem Schwarzwald und kleine Frachtschiffe

Bis weit in die 1880er Jahre hinein sah man auf dieser Neckarstrecke neben Flößern, die vom Schwarzwald her Holz transportierten, nur kleine Frachtschiffe und ebenso kleine Vergnügungsschiffe sowie die sogenannten Nachen.

Schiffbaumeister Martin Seibert aus Neckarweihingen betrieb eine kleine Werft am Ufer des Neckars. Im April 1862 lief sein neu erbautes und bequem eingerichtetes Schiff vom Stapel und lud Gesellschaften bis zu 40 Personen für Spazierfahrten nach Marbach ein. Die Hinfahrt nach Marbach dauerte eine halbe Stunde und zurück, flussaufwärts, wurde eine Stunde benötigt.

LUDWIGSBURG GRÜSST BOSTON
WALKER ORGEL
WILHELM
WALKER ORGEL
USA
J. BLUMHARDT
M. Kern

Schiffer Seibert hatte besonders die feine und zahlungskräftige Ludwigsburger Gesellschaft im Auge. Um den Herrschaften sein Angebot zu erleichtern und schmackhaft zu machen, beauftragte er den Torwärter Nuding am Heilbronner Tor in Ludwigsburg, Buchungen für seine Schifffahrten anzunehmen. So verlief das Geschäft den Sommer über recht regsam.

Pech hatte eine größere Ludwigsburger Gesellschaft, die am 19. August 1862 mehrere Schiffe angeheuert hatte. Auf der Heimfahrt von Marbach nach Neckarweihingen wurde eines der Schiffe von einem Floß gezwungen, auszuweichen und näher ans Ufer zu steuern. Dies veranlasste einen Teil der darauf befindlichen Personen, sich auf einen benachbarten Nachen zu flüchten, der dadurch schnell überfüllt war, das Gleichgewicht verlor und kenterte. Mehr als 40 Personen nahmen dadurch ein unfreiwilliges Bad; doch war dies glücklicherweise – auch wenn das Wasser etlichen der Herren und Frauenzimmer bis an den Hals ging – die einzige unmittelbare Folge des Unfalls. Die Fahrgäste konnten froh sein, dass das Wasser nicht noch tiefer war, denn schwimmen konnte niemand.

Dieser Unfall tat der Freude, mit dem Schiff auf dem Neckar zu fahren, aber keinen Abbruch. Selbst Seine Königliche Hoheit, Prinz Wilhelm, mit Frau Gemahlin, be-

gleitet von einer Staatsdame und einem Adjutanten, die schon seit 1878 im Sommer ihre Ludwigsburger Villa Marienwahl bewohnten, bestiegen am Pfingstsonntag 1879 in Neckarweihingen ein Schiff Richtung Marbach. In einem an der Anlegestelle bereitstehenden Wagen wurden sie auf die Schillerhöhe geleitet. Nach kurzem Aufenthalt vor dem Gasthof zur Post, wo die hohen Herrschaften sich im Wagen eine Erfrischung geben ließen, verließen dieselben die Stadt wieder und setzten die Wasserfahrt fort.

Die Zeit der Flusspartien und Ausflüge aus reinem Vergnügen begann in der Mitte des 19. Jahrhunderts, auch bedingt durch den Bau der Eisenbahn. Sämtliche Gesellschaften und Vereine in Ludwigsburg boten jedes Jahr ihren Mitgliedern ausgesuchte Ausflüge an. Eine Schifffahrt auf dem Neckar erfreute sich besonders großer Beliebtheit.

In Neckarweihingen startet die Orgel ihren Weg nach Boston

Im Juli 1862 wurde in der Orgelfabrik Walcker die Orgel für einen Konzertsaal in Boston/USA fertiggestellt. „Mit 86 Registern und vollendeter Technik gehört sie zu den großartigsten Orgelwerken der neueren Zeit und zeichnet sich besonders dadurch aus, dass sie mit Dampfkraft betrieben wird“, lautet die Beschreibung in der Zeitung.

Über den Transport wird berichtet, „die Bostoner Orgel wird demnächst von Neckarweihingen aus zu Wasser an ihren Bestimmungsort abgehen.“ Am Dienstag, 28. Oktober 1862, nachmittags um 14 Uhr, wurde die Orgel in Neckarweihingen auf die Schiffe „J. Blumhardt“ und „Wilhelm“ des Marbacher Schiffers Louis Müller verladen. „Es war ein ansprechendes ‚Fest der Arbeit‘, zu dem am Dienstagnachmittag die Abfahrt der von den Herren Walcker erbaute Bostoner Orgel Veranlassung gab. Während eines der beiden Schiffe schon früher abgegangen war, fuhr das zweite reich beflaggt unter Böllerschüssen und zu den Klängen einer Trompetermusik um 2 Uhr von Neckarweihingen ab. In zwei Nachen gab ihm das ganze Personal der Fabrik das Geleit bis Marbach, wo einige Stunden in heiterer Geselligkeit zugebracht wurden. Möge das kunstreiche Werk glücklicher Fahrt und froher Ankunft sich erfreuen.“

62 Tage dauerte die schwierige Überfahrt von Rotterdam nach Amerika. Viermal war das Schiff in Gefahr, in Stürmen unterzugehen; der letzte dieser Stürme war so heftig, dass der Kapitän das Schiff für verloren hielt. Doch endlich, am 23. März 1863, war das Ziel Boston erreicht. Den Transport der Orgel organisierte und begleitete der Junior der Firma, Friedrich Walcker. Nach mehr als einjähriger Abwesenheit kehrte er am 27. Januar 1864 nach Ludwigsburg zurück.

Als Ludwigsburg das Radfahren lernte

Das Fahrrad war Ende des 19. Jahrhunderts zunächst ein kurioses Fortbewegungsmittel. Viele Ludwigsburger konnten überhaupt nicht Rad fahren. Über den Sport entwickelte sich das Rad dann zu einem wichtigen Verkehrsmittel. Allerdings zunächst nur für Männer. Doch die Frauen ließen nicht lange auf sich warten. Die Geschichte des Fahrrads ist auch ein Stück Emanzipationsgeschichte.

„Bei keiner anderen Erfindung ist das Nützliche mit dem Angenehmen so innig verbunden wie beim Fahrrad." Dieses Zitat stammt von Adam Opel, dem Gründer der gleichnamigen Autofirma. Opel stellte neben Autos auch die bekannten und begehrten Opel-Fahrräder her.

In einer Zeitungsanzeige vom 23. März 1895 bot Fahrradhändler Gottlob Klein unter anderem zwei gebrauchte „Opel-Blitz-IV-Fahrräder" an, „mit neuen Gummireifen, frisch vernickelt und emailliert, zu 100 Mark". Die gebrauchten Fahrräder waren sehr begehrt, denn sie waren um ein Drittel billiger als neue und hatten außerdem nie Bekanntschaft mit der Straße gemacht. Sie waren Übungsräder, auf denen das Radfahren erlernt wurde. Fahrradhändler Gottlob Klein mietete dafür von der Königlichen Militärverwaltung die 2000 Quadratmeter große Halle an der Stuttgarter Straße.

Ein findiger Geschäftsmann veranstaltet Fahrradtrainings

Mittags von 11 bis 14 Uhr und abends ab 18 Uhr konnten Damen, Herren und Kinder unter kundiger Anleitung das Radfahren erlernen. Kursgebühr für Damen: 12 Stunden zehn Mark, für Herren: 15 Stunden zehn Mark. Solche Preise konnten sich natürlich nur die gehobenen Gesellschaftsschichten leisten, die oftmals in „Fahrradclubs" organisiert waren.

In Ludwigsburg gab es laut der Zeitung zwei Radfahrervereine, den im Mai 1888 gegründeten „Radfahrer-Verein Ludwigsburg", dem 1892 der „Radfahrer-Club Ludwigsburg" folgte. Erst anfangs des 20. Jahrhunderts, als sich das Fahrrad zu einem erfolgreichen Massenfortbewegungsmittel entwickelte, gründeten sich auch „Arbeiter-Radfahrervereine".

Die Ludwigsburger Radfahrervereine veranstalteten in den Sommermonaten oft Tourenwettfahrten, Fahrradrennen und Einzelfahrten und vergnügten sich in der kühleren Jahreszeit bei verschiedenen Vereinsfesten. Meistens verliefen die Radrennen und Tourenwettfahrten ohne größere Zwischen- und Unfälle. Am 11. Mai 1890 veranstaltete der hiesige Radfahrerverein eine Touren-Wettfahrt über 62 Kilometer in Richtung Backnang. In der Zeitung wird darüber Folgendes berichtet: „Als die teilnehmenden Radler Kornwestheim gegen 8 Uhr passierten, kam einem derselben an der Kreuzstraße unterhalb des Gasthauses zum Löwen eine Schar Gänse in den Weg und eines der Tiere brachte einen Flügel unter das Rad. Infolge dieser Sperre kippte das Rad um und der Fahrer stürzte zu Boden. Glücklicherweise verletzte er sich nicht und auch die Gans kam ohne weiteren Schaden davon, jedoch war das Rad beschädigt, so dass der Sportsmann nicht mehr aufsitzen und weiterfahren konnte, sondern zu Fuß nach Ludwigsburg zurückkehren musste. An der gleichen Stelle hatte ein anderer Radfahrer das Unglück, von einem Hund verfolgt zu werden. Während er sich nach diesem umsah und sich wehrte, ging sein Rad einer Henne mitten über den Leib, wodurch ihr ein Ei herausgepresst und der Körper derart gequetscht wurde, dass sie nach kurzer Zeit verendete.“

Im September 1899 traf das Reichsversicherungsamt eine für Radfahrer wichtige Entscheidung. Das Fahrrad sei nicht mehr als Gegenstand des Sportes, sondern als Verkehrsmittel anzusehen, da es weit verbreitet sei und für Gewerbebetriebe eine erhebliche Bedeutung gewonnen habe. Es muss als Beförderungsmittel anerkannt werden, und Gewerbetreibenden, die in ihrem Beruf ein Fahrrad benutzen und verunglücken, soll eine Rente zugebilligt werden.

Das Verkehrsmittel Fahrrad verursachte einiges an Aufregung, zu ungewöhnlich empfand man das Radfahren im damaligen Straßenverkehr, denn Pferdefuhrwerke aller Art, Reiter und Fußgänger prägten das Straßenbild. Eine lange Liste von Geboten und Verboten wurde in den Zeitungen veröffentlicht. Musste man sich bisher vor den galoppierenden Reitern in Sicherheit bringen, machten sich jetzt die Radfahrer unbeliebt, die offenbar meinten, die Straßen seien nur für sie alleine da und sie könnten dieselben nach Belieben durchrasen.

Es gab viele Fahrradunfälle, manche davon verliefen tödlich

Von vielen Fahrradunfällen wird in den Zeitungen berichtet, meist gingen sie glimpflich ab. In Neckarweihingen starb am 11. Oktober 1898 der 53 Jahre alte Johann Jakob Stuber, der von einem Eglosheimer Radfahrer angefahren wurde, gestürzt war und eine schwere Gehirnerschütterung erlitten hatte.

War das Radfahren zuerst nur den Männern vorbehalten, kamen auch die Damen nach und nach auf den Geschmack. Zunächst gab es allerdings unzählige Diskussionen über das Für und Wider weiblicher Radler. Letztlich fiel die Sache zugunsten der Frauen aus. Im Juli 1893 wird in unserer Zeitung von damals von einem Radausflug des hiesigen Radfahrervereins nach Bietigheim berichtet, wobei sich in Begleitung der aktiven Mitglieder „eine jugendliche Anhängerin des Sports per Stahlross“ befand.

Immer wieder erschienen in der Zeitung Hinweise und Verhaltensregeln für radfahrende Frauen: „Bei einem Kongress für Gesundheitspflege hat man sich zugunsten des Radelns für das weibliche Geschlecht ausgesprochen. Der Gesundheitszustand von Frauen, die sich dem Radfahren ergeben, hat sich bedeutend verbessert. Viele Damen haben nicht nur kleine Leiden verloren, sondern bei organischen Fehlern große Erleichterung empfunden, seitdem sie dem Sport zu huldigen anfingen. Das Radfahren wurde als diejenige Übung bezeichnet, die wirksamer als alle anderen den Stoffwechsel befördere, die Hauttätigkeit anrege, auf die Atmungsorgane wirke, die Muskeln stärke und kräftige. Allerdings wird für die Damen die Benutzung fußfreier Bekleidung, wollenes Unterzeug sowie ganz lose sitzende Kleidung empfohlen. Die Beteiligung von Damen an Wettfahrten sei aber schädlich.“

Das sah eine Radfahrerin ganz anders: „Bei dem am 16. Oktober 1898 in Dresden stattgefundenen Radfahrerfest errang Frau Emilie Christ aus Tübingen (eine geborene Ludwigsburgerin) einen Ehrenpreis, bestehend aus einem dem König von Sachsen gewidmeten Kunstalbum. Frau Christ legte die ganze Strecke Tübingen–Dresden (550,5 km) hin und zurück auf dem Rad zurück, für eine Dame gewiss eine hoch anerkennungswerte Leistung.“

Brand bei Kaufmann Vetter

Ein Brand im Dachstuhl des Hauses in der Wilhelmstraße 12 sorgte 1851 für heftige Diskussionen in der Zeitung. Nicht nur die Tatsache, dass Gaffer die Löscharbeiten störten, löste Unmut aus. Auch die Feuerwehr wurde kritisiert. Für einen taubstummen Fabrikarbeiter, der sich brennend aus dem Fenster stürzte, kam jede Hilfe zu spät.

Heutzutage hören wir oft von Zuständen, die nicht zu entschuldigen sind: Nämlich dass Gaffer die Einsatzkräfte von Feuerwehr oder Notdiensten unverantwortlich behindern. Die Anwesenheit einer Menschenmenge scheint allen Vorüberkommenden zu signalisieren: „Da müssen wir auch dabei sein."

Zugegeben – im beschaulichen Ludwigsburg Mitte des 19. Jahrhunderts ereignete sich selten etwas Dramatisches oder Spektakuläres. Doch am Dienstag, 6. Mai 1851, abends nach 20 Uhr, wurden die Bewohner der Ludwigsburger Innenstadt durch das Anschlagen der großen Sturmglocke heftig erschreckt. Der gesamte Dachstuhl des Hintergebäudes von Kaufmann Vetter in der Wilhelmstraße 12, in dem sich seine Blechwaren-Fabrik befand, stand in hellen Flammen und das Feuer hatte auch schon den Dachstuhl des Hauptgebäudes in Mitleidenschaft gezogen. Auch dort schossen schon die Flammen empor.

Aus allen umliegenden Häusern liefen die Menschen vor dem Unglückshaus zusammen, erschreckt, verängstigt, neugierig, und behinderten massiv den Einsatz der Feuerwehr. Am nächsten Tag wurde in der Zeitung öffentlich gerügt, „dass ‚müßige Zuschauer' sowohl die Tätigkeit der Feuerwehr gestört als auch das Geben und Befolgen der nötigen Kommandos gestört haben."

Der Feuerwehr gelang es erst gegen 21 Uhr, des Feuers so weit Herr zu werden, dass die Gefahr für die Nebenhäuser gebannt war, aus denen das gesamte Mobiliar in Sicherheit gebracht wurde. Um 22 Uhr war das Feuer, begünstigt durch eingetretene Windstille nach vorherigem starkem Nordwestwind, gelöscht. Der Dachstuhl des ziemlich langen Vetter'schen Hintergebäudes war völlig, der des Hauptgebäudes teilweise abgebrannt.

Über die Entstehung des Feuers wurde Folgendes berichtet: Ein Lehrjunge soll den Befehl erhalten haben, ein Gefäß mit siedend heißem Leinöl auf die

Bühne zu tragen und mit dem Terpentin-Öl zu mischen. Der unerfahrene Junge goss das Leinöl, ohne vorher die Abkühlung abzuwarten, in das Terpentin-Öl, das sofort Feuer fing. In kürzester Zeit stand der Dachstuhl in Flammen, deren Heftigkeit durch die dort in größeren Mengen gelagerten Öle und Flüssigkeiten verstärkt wurde.

Der taubstumme Fabrikarbeiter Karl August Heinrich wurde auf tragische Weise ein Opfer der Flammen. Er wollte noch seinen ersparten Lohn von sieben Gulden aus seiner Kammer retten, hielt sich dabei zu lange auf dem schon ringsum brennenden Dachboden auf und entging dem unmittelbaren Feuertod nur durch einen Sprung auf die Straße. Seine Haare waren schon versengt, sein Gesicht geschwärzt und mit Brandflecken bedeckt und seine Kleider bereits von Flammen ergriffen. Er wurde zu seiner hier wohnenden Mutter gebracht und starb am 8. Mai abends um halb fünf an seinen Verletzungen.

Am Tag nach dem Brand berichtete die Zeitung: „Nicht nur den

Lösch- und Spritzenmannschaften von hier und den benachbarten Orten gebührt Dank, sondern auch den Pionieren, welche schon bei so vielen Brandfällen durch Mut, Unerschrockenheit, Eifer und Ausdauer helfend und rettend größeres Unglück verhütet haben. Auch das Militär soll dankend erwähnt werden, von welchem über 300 Mann ein Spalier mit Wassereimern gebildet hatten. Nicht unerwähnt darf noch der Eifer und Fleiß der weiblichen Helferinnen im Wassertragen bleiben, durch welche so viele Männer beschämt wurden, welche untätig dem Feuer zusahen und von denen zuletzt einige zur Arbeit fast mit Kolbenstößen getrieben werden mussten."

Erst Lob, dann Kritik für die Feuerwehr

Auch Kaufmann Friedrich Vetter bedankte sich öffentlich in der Zeitung: „Durch die Unvorsichtigkeit eines meiner jungen Leute wurde ich leider in die traurige Notwendigkeit versetzt, bei dem mich betroffenen Brandunglück die Hilfe meiner werten Mitbürger in Anspruch nehmen zu müssen. Es wurde mir so viele herzliche Teilnahme, besonders aber so aufopfernde und zweckmäßige Hilfe von den Herren Militär und Zivilisten der hiesigen Stadt und Umgegend zuteil, dass ich mich gedrungen fühle, hiermit meinen wärmsten Dank auszusprechen, wohl anerkennend, wie nur dadurch ein noch größeres Unglück von mir abgewendet wurde."

Wurde am Tag nach dem Brand die hiesige Feuerwehr noch hoch gelobt, gab es ein paar Tage später öffentliche Kritik in der Zeitung, „der Brand ließ unsere Löschanstalten nicht im besten Lichte erscheinen, namentlich zeichneten sich einige der hiesigen Spritzen durch eine sehr geringe Tragweite aus. Auch das Löschpersonal, soweit es aus Zivilisten bestand, erschien weder sehr schnell noch sehr zahlreich auf dem Platz der Gefahr."

Es kommt auch zu Diebstählen

Dass dunkle Gestalten die Gunst der Stunde nutzten, blieb ebenfalls nicht aus: „Seit dem Ausräumen der Wohnung in dem Regierungsrat Schott'schen Nachbarhaus aus Anlass des Brandes in dem Vetter'schen Fabrikgebäude, werden neben anderen minder wertvollen Gegenständen noch weiter vermisst: ein Ritterkreuz des K. Ordens, eine Vorstecknadel mit Brillanten, ein Granaten-Halsband, ein Spiegel und eine Schachtel mit Kinderspielzeug."

Dem Knecht Johann Georg Lang, der seine Kammer auf der Bühne des abgebrannten Dachstuhls hatte, wurden alle seine Habseligkeiten ein Opfer der Flammen. Bürgermeister Louis Sprösser bat öffentlich um milde Gaben: „Durch den in unserer Stadt entstandenen Brand wurde einem dort angestellten jungen Menschen seine sämtlichen Kleider nebst ein wenig erspartes Geld ein Raub der Flammen, so dass er nichts mehr besitzt, als seine einfachen Arbeitskleider. Die Eltern desselben, die Mutter blind, bitten edle Menschenfreunde um milde Beiträge für ihren armen Sohn, sei es an Kleidern, Weißzeug oder Geld."

Zwei Westen, drei Paar Socken und fünf Gulden 36 Kreuzer wurden bei der Sammelaktion gespendet.

Deutsches Bier für New York

Der Ludwigsburger Bierbrauer Samuel Liebmann hat 1854 die Schikanen gegen sich satt. Er wandert mit seiner Familie nach New York aus und gründet dort eines der erfolgreichsten Bier-Imperien der damaligen Zeit. Die Geschichte eines amerikanischen Traums.

Samuel Liebmann, 1799 in Aufhausen (Bopfingen) als Sohn eines hoch angesehenen jüdischen Schriftgelehrten geboren, erlernte den Beruf des Bierbrauers, zog 1840 – wegen der besseren Ausbildungsmöglichkeiten für seine Söhne – nach Ludwigsburg und erwarb für 13 110 Gulden das geräumige zweistöckige Haus des Ludwigsburger Bierbrauers Beck mit Schildwirtschaft-Gerechtigkeit und eingerichteter Bierbrauerei in der Seestraße 9. Zur Eröffnung war in der Zeitung zu lesen: „Bierbrauer S. Liebmann zum Stern: Ich beehre mich, hiermit ergebenst bekannt zu machen, dass ich die erkaufte Beck'sche Bierbrauerei, welcher ich nun den Namen ‚zum Stern' beigelegt habe, morgen, am Sonntag, den 31. Mai 1840 eröffne, und dass ich mich möglichst bemühen werde, meine verehrlichen Herren Gäste mit guten Speisen und Getränken

aller Art nach Wunsch billig und prompt zu bedienen, daher ich um zahlreichen Zuspruch ergebenst bitte.“

Der neue Ludwigsburger Bürger nahm regen Anteil am gewerblichen und wissenschaftlichen Leben in der Stadt. Für die israelitische Gemeinde war er eine Autorität, deren Rat man gerne einholte.

Sein Gasthaus „zum Stern“ betrieb er von Anfang an sehr erfolgreich. Im ersten Stock hatte er für Honoratioren einen privaten Wirtschaftsraum eingerichtet, wo sich die Gäste ungestört unterhalten und diskutieren konnten.

Im Geist und Grundsatz Republikaner, erblickte Samuel Liebmann in der freiheitlichen Bewegung der 1840er Jahre einen Ausdruck seiner eigenen Ideale. Sein Haus wurde bald Mittelpunkt „republikanischer Propaganda“. Auch Teile des Militärs der Ludwigsburger Garnison besuchten die republikanischen Zirkel.

Kein Wunder, dass Liebmann zahlreichen obrigkeitlichen Schikanen ausgesetzt war. Zudem wurde ihm eine Begebenheit, die sich in seinem Gasthaus ereignet haben soll, untergeschoben: „Am 3. Januar 1848 gegen Abend starb ein Kanonier der hiesigen Garnison in Folge einer Kopfwunde. Der Verstorbene hatte die Wunde bei einer Schlägerei unter Militärs in der Bierbrauerei ‚zum Stern‘ erhalten. Bei der Schädelöffnung fand sich die Hirnschale so verletzt, dass der Tod eine Folge dieser Verwundung war“, so wurde damals berichtet. Samuel Liebmann wehrte sich in der Zeitung gegen die Anschuldigungen und antwortete: „Die Anzeige ist unrichtig. Der Kanonier hat nicht nur bei mir keinen Händel gehabt, sondern er war gar nicht bei mir.“

Dass er durch seine politische Tätigkeit Auflagen jeder Art ausgesetzt war – mehrfach wurde ein Verbot ausgesprochen, seine Gaststätte zu besuchen –, ließ ihn in seinen Grundsätzen nicht wanken, obgleich ihn das Ausbleiben der Gäste in den Ruin trieb.

Am 9. Juni 1854 wurden infolge der Insolvenz die Bierbrauerei und das Gasthaus zum Stern verkauft.

Das zweistöckige Haus hatte im Parterre einen heizbaren Saal, zwei beheizbare und drei unbeheizbare Zimmer, Küche und Speisekammer. Im ersten Stock, der Beletage, sechs ineinandergehende Zimmer gegen die Straße und zwei Zimmer gegen den Hof, Speisekammer und zwei Küchen. Auf der Bühne sieben Kammern und ein großer Dachboden. An das

Haus angebaut waren die Bierbrauerei- und Branntweinbrennereigebäude.

Er sieht keine Zukunft in Europa

Im Weiteren wurde aus der Insolvenzmasse alles verkauft, was nicht niet- und nagelfest war. Als 1854 allgemein an den Ausbruch eines europäischen Krieges geglaubt wurde, meinte Samuel Liebmann, seine Söhne nicht für den Fürstendienst erzogen zu haben, und entschloss sich zur Auswanderung nach Amerika, die er auch mit gewohnter Tatkraft – jedoch fast mittellos – vollzog.

Am 6. November 1854 traf er mit seiner Familie in New York ein. In Amerika wurde damals viel Bier gebraut, das aber nicht leicht abzusetzen war, denn es gab damals fast mehr Brauer als Biertrinker.

Doch schon eine Woche später war der mittlerweile 54-jährige Samuel Liebmann, der Landessprache unkundig, Pächter einer kleinen Brauerei in Williamsburg. Bereits ein Jahr später errichtete Samuel Liebmann mit seinen Söhnen Josef, Henry und Charles in Brooklyn eine neue, größere Anlage als Beginn des wirtschaftlichen Aufschwungs der Liebmann-Brauerei „Rheingold Beer".

Das Liebmann'sche Anwesen entwickelte sich im Laufe der Jahrzehnte zu einer der größten neuzeitlich eingerichteten Brauereien im Großraum New York. Die Liebmanns bemühten sich auch um städtebauliche und soziale Belange ihrer Nachbarschaft, sie legten Straßenzüge an, bebauten sie mit Wohnhäusern und sorgten für zeitgemäße Kanalisation. In harmonisch schönem Familienverband lebend, verlor Samuel Liebmann 1865 in der geliebten Gattin den, wie er selbst zu sagen pflegte, klügsten Ratgeber seines Lebens. 1868 zog er sich aus dem aktiven Geschäft zurück, die Leitung der Brauerei wurde von seinen drei Söhnen übernommen.

Mehrere Jahre von schweren Leiden heimgesucht, starb er am 24. November 1872, umgeben von allen seinen Kindern, die den Vater abgöttisch liebten.

Die Zeitung veröffentlichte am 18. März 1873 einen Bericht aus der amerikanischen Presse über den verstorbenen Samuel Liebmann, den früheren Ludwigsburger Mitbürger und Sternenwirt: „Am 24. November 1872 trug man in Williamsburg einen Adoptivbürger dieses Landes zu Grabe, Samuel Liebmann, der hier, wie im alten Vaterland, die schöne deutsche Devise ‚Bahn frei' im geistigen wie materiellen Sinne zur vollsten Geltung brachte." (Anmerkung: „Bahn frei" war 1848 das Motto zur Realisierung der republikanischen Ideen und Pläne.)

Im Mai 1855 mietete die Stadt die Räumlichkeiten der Wirtschaft „zum Stern" in der Seestraße 9 und übergab die Räume der neu gegründeten Töchterbildungsanstalt.

Das große Bäckersterben

Als 1876 die Militärbäckerei eröffnet wurde, kamen viele Ludwigsburger Bäcker in existenzielle Nöte. Denn fortan entfielen die Aufträge, für mehrere Tausend Soldaten Brot zu backen. Kein Wunder, dass die erste Großbäckerei (heute das Hotel Nestor) damals „Beckengrab“ geschimpft wurde.

Als Herzog Eberhard Ludwig verzweifelt versuchte, neben dem Schloss eine Stadt zu gründen, und sich dann endlich eine Handvoll Gewerbetreibende hier niederließ, musste das benötigte Brot noch in Kornwestheim eingekauft werden. Erst 1711 siedelte sich der erste Bäcker mit dem sinnigen Namen Pausback in Ludwigsburg an. Dieser machte hier offenbar so gute Geschäfte, dass die Brotlieferungen aus Kornwestheim eingestellt werden konnten.

Als 165 Jahre später, am 1. Juni 1876, die Kamine der neu erbauten, großzügig angelegten Militärbäckerei an der Stuttgarter Straße rauchten, war es für die Ludwigsburger Bäcker, nicht nur in der Beckengasse (heute Eberhardstraße), mit dem „Becken-Schläfle“ vorbei. Das sonst übliche und erholsame Nickerchen zwischen zwei „Becketa“ (Backvorgängen) trug nicht mehr zur Entspannung bei. Denn plötzlich bangte jeder Bäcker in der Stadt um seine Existenz und die Sorgen ließen sie nicht zur Ruhe kommen. Der schöne rote Backsteinbau mit den großen Rundbogenfenstern, erbaut auf dem kleinen Exerzierplatz, hatte im Volksmund bereits den Namen „das Beckengrab“ bekommen, denn mit solchen Brotfabriken konnte der bisherige Brotbäcker nicht mehr konkurrieren. Am ersten Tag der Brotausgabe in der Militärbäckerei war auch ein Korrespondent der Zeitung dabei, um diese

nach neuestem System gebaute Bäckerei zu besichtigen:

„Das Gebäude selbst übertrifft alles, was wir bisher von Bäckereien gesehen haben. Zum Bäckereibetrieb wird eine Dampfmaschine von 4 Pferdekräften verwendet, welche die Knetmaschine in Bewegung setzt, die Siebmaschine treibt und das Wasser in die Röhren leitet, durch welche, wenn sie eine Hitze von 200–250° erreicht haben, die Backräume der 6 Backöfen geheizt werden. In jedem dieser 6 Backöfen können täglich innerhalb 24 Stunden 18 mal 84 dreipfündige Brotlaibe gebacken werden. Es ist eine wahre Freude mit anzusehen, wenn Herr Backmeister Klein und seine 12 Bäckergesellen Kommissbrot fabrizieren und zwar in diesen schönen, auf das Reinlichste gehaltenen Räumen. Das Ludwigsburger Kommissbrot ist von vorzüglicher Qualität, begreiflich, wenn man weiß, dass trockengemahlenes Mehl von der Ulmer Mühle der dortigen Militärbäckerei dazu verwendet wird und zwar bestehend aus 2 Teilen Weizen und einem Teil Roggen."

Seit König Wilhelm I. in den 1820er Jahren Ludwigsburg zum „Hauptwaffenplatz" des Landes gemacht hatte, zog immer mehr Militär samt Familien in die Stadt. Im Jahr 1826 gehörten von 10 000 Einwohnern 3000 dem Soldatenstand an. Diese mussten alle auch versorgt werden. Halbjährlich schrieb die Garnison damals einen Brot-Lieferungsakkord für Kommissbrot aus, wozu die

Bäckermeister Ludwigsburgs, mit obrigkeitlichen Vermögenszeugnissen versehen, eingeladen wurden.

Natürlich kamen da nur akkordfähige Bäckermeister zum Zuge, also solche, die genügend Kapazität in ihrer Backstube vorweisen konnten und mit Lehrlingen und Gesellen gut bestückt waren. Verständlich, dass Missgunst und Brotneid diesen „Soldaten-Bäckern" im hohen Maße entgegenschlugen.

Die Brotpreise unterlagen einer amtlichen Taxe, die damals jeden Monat in der Zeitung bekanntgegeben wurde. Jeder Bäcker musste sich danach richten. Die Brottaxe am 23. Februar 1858 lautete beispielsweise: „6 Pfund Kernenbrot 17 Kreuzer; 5 Pfund schwarzes Kommissbrot 12½ Kreuzer; 1 Kreuzerweck soll 7½ Loth wiegen."

An den festgelegten Preisen war nicht zu rütteln, aber beim Gewicht kam mancher Bäcker in Versuchung, etwas weniger Mehl zu verwenden. Aus diesem Grund gab es immer wieder unangekündigte Brot-Visitationen. Der untreue Bäcker sah sich dann – mit Namen – in der Zeitung wieder, was sich wie folgt anhörte: „Bei der am 9. Februar 1858 beim Bäckermeister Johann Krehl dahier vorgenommenen Brot-Visitation fand sich an 6 Paar Kreuzerwecken ein Gewichtsabmangel von 14 Loth, während solcher höchstens 8 Loth betragen durfte." Bäckermeister Krehl wurde deshalb mit fünf Gulden bestraft.

Umgerechnet (ein Loth entspricht 14,5 Gramm) hatte Bäckermeister Krehl bei den sechs Paar Kreuzerwecken um 203 Gramm betrogen. Laut der Vorgabe hätten sie 1305 Gramm wiegen müssen, brachten aber nur 1102 Gramm auf die Waage.

Und Bäckermeister Krehl stand damals nicht allein am Pranger, denn es gab auch bei anderen Bäckern jedes Jahr Beanstandungen wegen Gewichtsschwankungen bei den Kreuzerwecken.

Im Januar 1869 gab es einige Aufregung unter den Bäckersleuten, die in einem Leserbrief zur Sprache kam: „Seit einigen Wochen haben sich einige hiesige Bäcker aus Missgunst den Bäckern gegenüber, welche mit Brotlieferungen für das Militär bedacht werden, dahin geeinigt, das Kommissbrot 3 Kreuzer und sogar 3½ Kreuzer unter der festgesetzten Taxe zu verkaufen. Diese Handlungsweise ist zu verurteilen, da durch dieses Vorgehen in hiesiger Stadt weit mehr Personen zu leiden haben, als sie dadurch einen Vorteil erzielen."

Wie war das zu verstehen? Das sogenannte „niedere Militär", die Soldaten und Unteroffiziere, welche ihr zugewiesenes Brot in der Kaserne nicht selbst konsumierten, verkauften dieses unter Preis an die ärmere Bevölkerung und verdienten sich etwas Geld dabei. Das ärgerte die anderen Bäcker, die kein Brot an das Militär verkauften. Denn so erhielten sie unnötige Konkurrenz. Durch die Preissenkung waren die Soldaten gezwungen, ihr „gespartes" Brot um vier Kreuzer statt bisher um zwei Kreuzer unter dem amtlich festgesetzten Preis für Brot zu verkaufen.

Als dann 1876 die neue Militärbäckerei ihren Betrieb aufgenommen hatte, waren Neid und Missgunst unter den Ludwigsburger Bäckersleuten schnell erledigt: Alle traf das gleiche Schicksal und alle standen mit einem Fuß im „Beckengrab", weil durch den Wegfall der Aufträge des Militärs viele Bäcker in der Folge aufgeben mussten.

Ludwigsburg – die Pferdestadt

Ohne Pferde ging im Ludwigsburg des 19. Jahrhundert nichts. Sie waren wichtige Arbeitstiere, herrschaftliches Statussymbol und sportlicher Zeitvertreib. Viele Existenzen hingen direkt am Pferd.

Im Jahr 2018 hat der Ludwigsburger Pferdemarkt ein großes Jubiläum gefeiert: „Zum 250. Mal prägen edle Rösser und prunkvolle Kutschen das Stadtbild. Zahlreiche Attraktionen, ein spannendes Pferde-Showprogramm und der prächtige Jubiläums-Festumzug bilden die Höhepunkte des Pferdemarktes und stellen Ludwigsburg als Pferdestadt in den Mittelpunkt", verkündete die Stadt zu diesem Anlass.

Sicher ging es auch schon in den zurückliegenden Jahrhunderten prachtvoll in den Ludwigsburger Straßen zu, etwa wenn die Königlichen Hoheiten ihren Sommeraufenthalt nahmen und vom Bahnhof kommend durch die geschmückten Straßen, vorbei an den jubelnden Menschenmengen, der Villa Marienwahl zufuhren. Neben dem Königlichen Hofstaat trugen auch das Königliche Militär, der Adel und die bürgerlichen Honoratioren zum glanzvollen, bunten Stadtbild bei.

Ein Schauspiel der besonderen Art zeigte das jährlich im Oktober stattfindende Hindernisrennen „Steeple-Chase", zu dem von weit und breit, wie erzählt wird, „gewaltige Menschenmassen strömten." Am 1. Oktober 1872 führte die zwei englische Meilen lange Rennbahn über zwölf Hindernisse, Kugelfang, Steinmauer, Gräben, Doppelhürden, Bretterzäune und weiteres mehr. In der Zeitung heißt es damals begeistert über dieses Rennen: „Die Steeple-Chase ist höchst gelungen ausgeführt worden. Spaß gab es mancherlei, insbesondere im Gebiet der Jagd-Jägerei; da sah man einen sich abmühen, um einen Feldhasen zu fangen, ein anderer erwischte ein Feldhuhn, welches sich unter den Rock einer Dame geflüchtet hatte." Im April 1877 kam aber die bedauerliche Nachricht: Die Steeple-Chase

wird nach Cannstatt verlegt. Ein Hauptmotiv soll das wenig entgegenkommende Verhalten des Ludwigsburger Publikums am 1. Oktober 1876 gewesen sein, „wo durch Mangel an Ordnung der Rennbetrieb auf das Empfindlichste geschädigt wurde“.

Schnell sah man sich wieder in die Realität der Alltagsstadt versetzt. Unfälle aller Art, selbst tödliche, ereigneten sich durch unvorsichtige Fuhrleute, rücksichtslose Reiter und besonders durch scheuende Pferde immer wieder. In der Zeitung vom 29. Juni 1850 steht: „Wir haben von einem Unglück zu berichten, das seinen Grund in reiner Nachlässigkeit und Gleichgültigkeit hat. Ein Wagen, auf welchem eine Partie Sensen lag, und dessen Pferd scheu wurde, rannte im Galopp gegen das Heilbronner Tor. Einige Knaben hatten zum Ausweichen so wenig Zeit, dass einer davon nur schnell auf einen Steinhaufen sprang, hier aber unglücklicherweise von einer der schlecht verwahrten Sensen, welche über den Wagen hinaushingen, erfasst und demselben ein Teil des Unterkiefers mit 4 Zähnen weggeschnitten wurde.“

Ein weiteres trauriges Kapitel macht auf die Nöte der Fuhrleute aufmerksam. So heißt es in der Zeitung vom 20. Januar 1854: „Der hiesige Fuhrmann Diegel, ein fleißiger, rechtschaffener Familienvater mit 6 Kindern, sollte am letzten Freitag eine Fuhre Dung auf einen am Berge liegenden Acker zwischen Ludwigsburg und Neckarweihingen bringen. Auf dem gefrorenen Schnee kam der beladene Wagen ins Gleiten, riss das Pferd mit sich fort und stürzte den Berg herab. Das Pferd war auf der Stelle tot, der Wagen und das Geschirr waren zerschmettert und zerrissen. Da durch diesen Unglücksfall die Familie in gegenwärtiger schwerer Zeit um Arbeit und Brot gekommen ist, so wagt sie an mildtätige Menschen die Bitte, durch Gaben ihr zum Ankauf eines neuen Pferdes behilflich zu sein.“ (Eingegangene Beiträge 63 Gulden 22 Kreuzer.)

Brutaler Umgang mit den Pferden

Der 1838 in Ludwigsburg gegründete „Verein gegen Tierquälerei“ stellte sich der Aufgabe, energisch gegen die rohe Behandlung von Pferden vorzugehen. Im Herbst 1868 wurde in der Zeitung auf das nicht zu verantwortende Verhalten der Fuhrleute aufmerksam gemacht. „Bei gegenwärtiger Weinfuhrzeit muss man leider in der Stuttgarter Straße Zeuge der empörendsten Tierschinderei sein. Denn nicht allein kommt es vor, dass oft nur ein Pferd an einen außerverhältnismäßig schwer beladenen Wagen gespannt ist, sondern häufig sind die Fuhrleute zu faul, dass sie beim Anhalten ein Rad mit einem Stein unterlegen; ja nicht einmal tun sie einander den Gefallen, auf steileren Strecken abwechslungsweise vorzuspannen, und wenn sie in aller Freundlichkeit hierauf aufmerksam gemacht werden, so bekommt man die gröbsten Antworten. Kurzum, sie gebaren sich in einer Weise, dass man stark zu glauben versucht ist, als wären sie die Bestien und nicht ihre armen Zugtiere. So geht es aber auch während des Abfüllens bei Nacht zu; denn anstatt die Tiere auszuspannen, lassen sie diese stundenlang stehen, sie aber, diese gefühllosen Menschen, sitzen einstweilen im Wirtshaus und saufen. Jedermann, der

eine Tierquälerei wahrnimmt, sollte die Polizei kräftig unterstützen und ihr unverweilt Anzeige machen, nur dann ist es möglich, diesem grässlichen Unfug nachhaltig zu begegnen."

Zum Glück gab es Ausnahmen. In der Zeitung vom 26. Februar 1888 heißt es: „Gegenüber den vielen Berichten von roher Behandlung der Pferde macht es gewiss einen allseitig befriedigenden Eindruck, ein Beispiel des Gegenteils zu vernehmen, das unserer Stadt angehört. Im Dienste des Herrn Werkmeisters Kirschner, Stuttgarter Straße 22, steht schon seit 16 Jahren Christian Kammerer von Thamm, der sich durch sorgfältige und gewissenhafte Behandlung der ihm anvertrauten Arbeitspferde seines Dienstherrn rühmlich hervortat. Dieser Bedienstete nun wurde heute Vormittag auf das Rathaus berufen und ihm daselbst vom Herrn Oberbürgermeister unter herzlichen, warmen Worten eine vom württembergischen Tierschutzverein gespendete Prämie von 25 Mark, so wie ein mit sinnigen Emblemen ausgestatteter Ehrenbrief ‚für treue Wartung und Pflege der seiner Obhut übergebenen Pferde' überreicht. Gewiss werden alle dem treuen Diener diese schöne Auszeichnung von Herzen gönnen und den Worten des Herrn Oberbürgermeisters Beifall zollen, wenn er dem Prämierten wünschte, es möge ihn die erhaltende Belohnung aufmuntern, auf dem betretenen Pfade weiterzugehen, sein Beispiel aber noch recht Viele in ähnlichen Verhältnissen zu gleich rühmlichem Tun anspornen."

„Ich lade Sie zum Bade höflichst ein“

Das Freibad hat viele Vorgänger. Schon Anfang des 19. Jahrhunderts wird am Neckar gebadet. Der erste Badestrand befindet sich am Neckarweihinger Ufer und wird von einem Wirt betrieben. Später kommen Badeplätze für Frauen und Kinder dazu. Ein Blick in die Anfänge der Ludwigsburger Badekultur.

Philipp Heuß, Brückenwärter und Wirt des Brückenhauses, pachtete 1822 einige Neckarwiesen am anderen Ufer und lud dazu seine Gäste auf besondere Weise ein: „Hoher Adel! Wertes Publikum! Subsignierter ladet nun Sie aufs freundlichste zum Baden ein. Auf den Wiesen, die er nun gepachtet, führen Treppen in den Neckar ein; es sind Mühe und Kosten nicht geachtet! Auch 5 Häuschen, ganz bequem und rein, Stehen grün bedeckt zu jeder Zeit, jedem Badelustigen bereit. Nebst dem wartet auf mit Trank und Speis, und empfiehlt sich bestens, Philipp Heuß“, so seine erste Anzeige in der Zeitung.

Und auch im Sommer 1823 wurde er nicht müde, sein Bad am Neckar anzupreisen: „Es winkt nun wieder warmes Wetter, verehrte Gönner in den Neckar. Ich lade Sie nun groß und klein zum Bade wieder höflichst ein. Von Frauenzimmern aufgemuntert, hab ich die Häuschen abgesondert, daß jedes sich bequem fortan ganz ohnbeschlichen baden kann. Und nach dem Bade werte Gäste, erquick ich Sie aufs allerbeste. Mit Fisch und Weinen roth und weiß, hiermit empfiehlt sich Philipp Heuß.“

Vor diesem Vergnügen musste aber der weite Weg von der Stadt bis zum Neckar, meist zu Fuß, zurückgelegt werden. Entlang des Tälesbaches (heute Marbacher Straße) ging es hinab – gern wurden dabei auch Abkürzungen genommen. Die Besitzer der Wiesen am Tälesbach erzürnte das ziemlich. Am 28. Juni 1834 beklagen sie sich in der Zeitung: „Da bei der wirklichen warmen Witterung ganze Scharen dem Neckar zuströmen, die zum größten Teil ihren Weg durch die Thälenswiesen nehmen, das amtliche Verbot mißachten, und schon mehrere Unarten an Bäumen verübt worden sind, so werden die übrigen Thälensbesitzer gebeten, zu jeder Zeit das Tor zu verschließen, damit diesem Unfug etwas abgeholfen wird. Zwei Thälens-Besitzer.“

Wer nicht gerne zu Fuß ging und es sich leisten konnte, hatte die Möglichkeit, das Angebot des Kutschers Glemser anzunehmen, der annoncierte: „daß er an allen Tagen abends 5 Uhr, in das Neckar-Bad und wieder zurückfahre. Wer sich seines Fuhrwerks bedienen will, kann jedes Mal vor dem Stuttgarter- und Heilbronner Thor einsteigen."

Da im Laufe der Jahre das Neckarbad immer beliebter wurde, entstand eine rege Konkurrenz unter den Fuhrleuten. Kutscher Hegel, ehemaliger Leibkutscher der „verewigten Königs-Majestäten", empfahl sich im Juli 1836 mit seinem Omnibuswagen zur Besorgung

von Fahrten für Gesellschaften: „Im Voraus die billigste Bedienung zusichernd, werde ich in gegenwärtiger Saison Badlustige à 6 Kreuzer pro Person nach Neckarweihingen hin- und zurückführen, und diese Fahrt täglich beginnen und wiederholen, sobald sich 6 Personen bei mir angemeldet haben werden."

Kutscher Riele entdeckte 1845 eine besondere Marktlücke. Die Anfrage der Oberamtei Ludwigsburg, täglich bis zu viermal Damen ins Bad nach Neckarweihingen zu fahren, ließ er sich nicht entgehen. Sein viersitziger Wagen verkehrte daraufhin morgens, vormittags, nachmittags und abends zwischen Ludwigsburg und dem Neckarbad – sehr zur Freude der Damen. 1845 war für sie schon ein eigener – amtlich genehmigter – Badeplatz reserviert, wie damals in der Zeitung bekanntgegeben wurde: „Der Badeplatz für das weibliche Geschlecht bleibt auf dem linken Neckarufer auf Hohenecker Markung bei der Furt in den Neckar, unterhalb des Platzes der Schiffe; jede männliche Person, welche daselbst baden oder diesen Platz auch nur ohne Nachweisung eines bestimmten Berufs hierzu betreten würde, wird mit 1 Gulden Strafe belegt."

Für Kinder und Jugendliche gab es einen eigenen Badeplatz unterhalb der Schiffbrücke auf dem rechten Neckarufer. Dieser durfte nur von Schulkindern, Lehrjungen und von Kindern in Begleitung Erziehungsberechtigter benutzt werden. Eltern wurden über die Zeitung gewarnt, ihre Kinder nur unter Aufsicht ins Wasser zu lassen. Am Männerbadestrand war der Aufenthalt für Kinder dagegen verboten. Erwachsene, die trotz dieses Verbots Kinder mit sich ins Bad an diese Stelle nahmen, mussten einen Gulden Strafe bezahlen.

Trotz aller Vorsichtsmaßregeln kam es im Neckarbad aber immer wieder zu Unglücksfällen mit Kindern, über die in der Zeitung berichtet wurde: Am 9. Juni 1818 rettete Eberhard Friedrich Glanz aus Neckarweihingen den zwölfjährigen Sohn des Weingärtners Georg Kopp aus Neckarweihingen vor dem Ertrinken. 20 Jahre später rettete der Dienstknecht Matthäus Friedrich Krehl aus Poppenweiler den zwölf Jahre alten Jakob Philipp Schweitzer aus Oßweil vor dem Ertrinken. Die mutigen Retter wurden auf höchsten Befehl der königlichen Regierung des Neckarkreises öffentlich gelobt.

Alles, was das Neckarbad betraf, war streng geregelt. Das Baden in der Nähe der Brücke war verboten, ebenso wie das Herumlaufen entkleideter Personen auf derselben. Regelmäßig schaute ein Gendarm während der Badezeit nach dem Rechten. Auch war es bei Strafe verboten, die Wiesen der Einwohner von Neckarweihingen zu betreten, um über diese ins Bad zu gelangen.

Und: „Es ist darauf zu dringen, dass die Geschlechter in gehöriger Entfernung voneinander und nicht zu nahe an öffentlichen Wegen baden. Unzüchtige Handlungen, die öffentliches Ärgernis erregen, werden mit Arrest bis zu 4 Wochen bestraft."

Erste Anzeigen für „schickliche Badehosen" in verschiedenen Größen und „hübschen Dessins" finden sich ab 1844 in der Zeitung. Für 20 bis 36 Kreuzer das Paar konnten Herren diese bei den Kaufleuten Gastpar am Holzmarkt, bei Christian Loew oder Julius Sprösser erstehen. In dieser Zeit putzte sich das Neckarbad auch für die feinere Gesellschaft heraus – sehr zum Leidwesen der „niedrigen Stände". Am Vorbild anderer Städte sollte neben dem öffentlichen Neckarbad, auf Anregung Ludwigsburger Herren, ein Bad für Personen eingerichtet werden, die Vorbehalte gegenüber der öffentlichen Einrichtung hatten.

„Ein Freund des Neckarbades", aufgerüttelt durch die vielen Ertrunkenen, schrieb im Juli 1834 einen Leserbrief: „In Neckarweihingen befindet sich bekanntlich mitten an dem, von Soldaten, Dienstboten usw., besuchtesten Teil des Neckarbadeplatzes unterhalb des Schlößchens Harteneck im Flußbett eine tiefe Stelle, die seit einer Reihe von Jahren jährlich ein oder mehrere Menschenleben gekostet hat. Soviel bekannt ist, besteht der Grund des Flußes dort aus Felsen. Da dieser Schlund aber nicht so groß ist, so wäre zu wünschen, dass derselbe aufgefüllt würde."

Ludwigsburg schläft auf Laub

Laub für die Tierställe, Laub als Dünger, Laub für die Matratzen – im 19. Jahrhundert sind Blätter ein wichtiges Gebrauchsgut. Jeden Herbst startet der Kampf ums Laub aufs Neue, und in den Obstwiesen vor der Stadt werden die Laubdiebe gejagt.

Heute stöhnt man im Herbst über die Blätterberge, doch es gab mal eine Zeit, da wurde das Laub sorgsam gesammelt und, man glaubt es kaum, verkauft!

So berichtet unsere Zeitung im September 1827 Folgendes: „In der nächsten Woche werden Laubverkäufe in den Königlichen Alleen vorgenommen und zwar: Montag, den 1. Oktober 1827, von mittags 1 Uhr an, in den Alleen außerhalb der Stadt. Anfang am Salontor in der großen Hauptallee (Königsallee). Dienstag, den 2. Oktober 1827, ebenfalls von mittags 1 Uhr an, in den Alleen innerhalb der Stadt. Anfang im Königlichen Schlossgarten."

Dass man für Laub zahlen musste, fanden manche Leute nicht annehmbar. Sie versuchten, auf billige Weise an den begehrten Rohstoff zu kommen, und machten sich auf den Weg zu den außerhalb der Stadt liegenden privaten Gütern. Dieses gefiel verständlicherweise den Besitzern in keiner Weise.

Daraufhin kam es im Oktober 1822 zu einer Beschwerde in der Zeitung: „Von mehreren hiesigen Güterinhabern ist die Anzeige gemacht worden, dass sich Leute erdreisten, in Gärten und Baumgütern ohne Erlaubnis der Eigentümer Laub zu rechen. Da es niemand zusteht, ohne Einwilligung des Gutinhabers auf fremdem Grund und Boden Laub zu sammeln, dass sogar unter diesem Vorwand außerdem noch Holz entwendet und die Güter auch noch beschädigt werden, so wird hiermit bekannt gemacht, dass das Laubrechen in diesen Gütern – ohne ausdrückliche Erlaubnis der Besitzer – bei 1 Reichstaler Strafe verboten ist. Oberbürgermeister Preyß."

Doch wofür nur brauchte man früher diesen herbstlichen Abfall? Der Fuhrpark der damaligen Einwohner bestand nicht aus einem Auto oder Motorrad, sondern aus Pferden. Die standen in den Ställen hinter den Häusern gemeinsam mit Kühen, Ziegen, Schafen, Schweinen und Geflügel, und all diese Tiere benötigten für die Ställe eine Einstreu.

Eine Viehzählung im Januar 1883 ergab in der Lud-

wigsburger Innenstadt den Bestand von 240 Pferden (ohne Militärpferde), 214 Stück Rindvieh, 391 Schafen, 392 Schweinen, 83 Ziegen und 3920 Stück Geflügel, darunter 71 Gänse, 333 Enten und 3406 Hühner.

Stroh war teuer, Laub dagegen für viele erschwinglich, und so war gewährleistet, alle Tiere trocken und sauber zu halten.

Ein „Ratgeber für die Hausfrau“, der regelmäßig in unserer Zeitung abgedruckt wurde, berichtet von einer weiteren idealen Laubverwendung, „um Äpfel und Birnen länger frisch und schmackhaft zu erhalten, auch solche vor dem Welk- und Runzeligwerden zu beschützen, tut man wohl, wenn man die Früchte im Spätherbst und Winter auf dürres Laub legt. Wer sich dieser kleinen Mühe unterzieht, wird den angenehmen Vorteil davon haben, immer vorzüglich schmackhaftes und gutes Obst auftischen zu können.“ Vielleicht wäre das

auch noch für heute ein idealer Tipp zur Vorratshaltung. Laub wurde auch zur Düngung von Feldern verwendet. Es ist vielleicht nicht mehr vorstellbar, aber innerhalb der damaligen Stadtmauer bestellten noch einige Bauern ihre Felder. Über ein Viertel der von der Stadtmauer umschlossenen Fläche war zu Anfang des 19. Jahrhunderts noch unbebaut und somit Garten- und Ackerfläche.

Eine spezielle Verwendung fand das Laub als Füllung von Matratzen und Bettdecken. Bewährt hatte sich zur Betten- und Matratzenfüllung besonders das Buchenlaub sowie Laub der Apfel- und Birnbäume. Von diesen gab es mehr als genug, denn neben Linden waren die Alleen mit Buchen bepflanzt. Dazu gab es eine Unmenge von Obstbäumen, wie eine Zählung im September 1878 bestätigt. „Amtlich aufgenommen wurden 10578 Apfelbäume und 6844 Birnbäume, 5268 Zwetschgen-, Aprikosen- und Pfirsichbäume; 53 Kirschbäume und 301 Walnussbäume!"

Dabei wurden aber bei der Zählung nur die tragbaren Bäume berücksichtigt, die Gesamtzahl der Bäume war bedeutend höher. Diese schenkten zwar kein Obst, aber dafür reichlich Blätter. Ohne zu übertreiben kann man sagen: Ludwigsburg war eine sehr laubreiche Stadt. Doch wer wollte oder musste in Laubbetten schlafen?

Es waren die armen Leute, die Laub für ihre Betten sammelten, weil sie sich weder eine Strohmatratze noch ein Federbett leisten konnten. Verständlich, dass dieser Füllung keine lange Lebensdauer beschieden war. Meist musste ein ordentlicher Vorrat bereitgehalten werden, um die Matratzen neu aufzufüllen, um die kalte Jahreszeit zu überstehen. Und jeden Herbst ging das Geschäft des Laubsammelns wieder von vorne los. Für die meist kinderreichen Familien war das Laub in den Ludwigsburger Alleen die Garantie, einigermaßen „gut gebettet" zu sein. Diese Betrachtung über die Laubbetten wirft die Frage auf, worauf der andere Teil der Ludwigsburger Bevölkerung sich zur Ruhe legte, und zeigt damit ein deutliches Bild vom gesellschaftlichen Standesunterschied. Die Armen aus den „unteren Ständen" schliefen recht und schlecht in ihren Laubbetten.

Die Soldaten in den Kasernen legten sich Stroh- oder Waldheu-Matratzen „in die Falle", was eine Anzeige in der Zeitung bestätigt: „Bei der Königlichen Kasernenverwaltung wird am Freitag, den 18. Juli 1834, vormittags 10 Uhr, die Lieferung von etwa 600 Zentner Stroh oder Waldheu, zur Füllung von Matratzen tauglich, zum Akkord gebracht …"

Die wohlhabenden Bürger ruhten auf Rosshaarmatratzen. Aus einer Versteigerung im Königlichen Schloss im März 1829 erfahren wir, worauf und worin „ihre Majestät, die verewigte Königin von Württemberg, geborene Kronprinzessin von Großbritannien, Königin Mathilde" schlafen und träumen durfte. „Am 5. März 1829 wird in dem Königlichen Schloss zu Ludwigsburg eine Versteigerung des Mobiliarnachlasses stattfinden, u. a. Bettstellen und Chaiselongues von Mahagoni-, Nussbaum-, Kirschbaum- und anderem Holz, sowie Matratzen, Betten und Kissen aus Seide, mit Wolle und Federn gefüllt …"

Das seltsame Gebäude in der Reithausstraße

Am Ende der Unteren Reithausstraße steht ein seltsames Gebäude. Heute ist dort das Kino Luna untergebracht. Die Geschichte des Hauses ist aber mindestens so spannend wie die Filme, die in diesem Kino laufen.

Läuft man vom Reithausplatz die Untere Reithausstraße in westlicher Richtung entlang, vorbei an den dicht aneinandergedrängten Häuschen, die einen gemütlichen Eindruck hinterlassen, wird man plötzlich aus seinen beschaulichen Gedanken herausgerissen. Ein seltsam aussehendes Bauwerk lässt den Schritt verzögern und erstaunt wandert der Blick an der Fassade entlang, entdeckt ein zusammengewürfeltes Mauerwerk aus eigentümlichen Steinen, oft mit Ornamenten geschmückt, die zum Teil auf dem Kopf stehen. Drinnen ist heute das Kino Luna untergebracht. Was hat es mit diesem Bauwerk auf sich?

Gebaut um 1843 diente es zuerst viele Jahre dem Bierbrauer Gustav Körner als Fasslager, ging dann in den Besitz des Bierbrauers Fritz Bauer über und 1879 übernahm die „Aktienbrauerei zur Krone“ das Magazin.

Aus dem Bierkeller wird eine Zuchtanlage für Champignons

1883 wurde der gewölbte Bierkeller mit einer Heizungsanlage versehen und diente der Champignonzucht. Solche Zuchtkeller schwappten damals als Mode von Frankreich herüber. Denn in jeder feineren Küche – und davon gab es in Ludwigsburg genug – galten Champignons als unentbehrliche Zutat.

In der Schorndorfer Straße 55 eröffnete die „Süddeutsche Champignons-Züchterei“ mit Sitz in Stuttgart zu jener Zeit ein Verkaufslokal, in dem täglich frisch gepflückte Champignons angeboten wurden. Das Unternehmen hatte verschiedene Räumlichkeiten in Ludwigsburg angemietet, die die Voraussetzungen einer ertragreichen Champignonzucht erfüllten. Darunter auch den Bierkeller in der Unteren Reithausstraße. Innerhalb von sechs Wochen, so versprach das Unternehmen, bringe eine solche Anlage „große schöne Champignons von vorzüglichem Geschmack" hervor. Leider ist nicht bekannt, wie lange in Ludwigsburg Champignons gezüchtet wurden.

Ein Aufruf aus der Bürgerschaft zur Rettung verläuft im Sande

Das Anwesen wurde wahrscheinlich in den 1890er Jahren von Bierbrauer Adolf Fischer erworben und nach dem Verkauf wieder als Bierkeller genutzt.

Doch damit ist immer noch nicht die eigenartige Bauweise enträtselt. Dafür muss man weitere 100 Jahre in der Stadtgeschichte zurückgehen, in die Zeit der Launen und Marotten des Herzogs Carl Eugen, der 1750 das im Lustgarten südlich des Schlosses gelegene Lusthäuschen abbrechen und im Osterholz wieder aufbauen ließ.

Etwa zehn Jahre hielt das Interesse des launischen Herzogs an diesem Pavillon, danach zerfiel er zu einer verwahrlosten Bauruine.

Als im Jahr 1843 das verlassene Lusthaus zum Abbruch freigegeben wurde, stieß das Vorhaben auf unerwarteten Widerstand in der Ludwigsburger Bürgerschaft. Ein Aufruf in der Zeitung rief zum Erhalt des Gebäudes auf.

22. Juli 1843: „Nächsten Montag soll der Pavillon im Osterholz auf den Abbruch verkauft werden. Es wäre in der Tat schade, wenn Ludwigsburg durch diese Maßregel abermals einen Teil seiner reizenden Umgebungen verlieren würde. Da der Verkaufspreis einige 100 Gulden kaum übersteigen dürfte, könnte sich eine Gesellschaft bilden, die durch Sammlung kleiner und größerer Beträge imstande wäre, dieses niedliche Gebäude zu erhalten und dessen Wiederaufstellung auf einem anderen geeigneten, allgemein zugänglichen Platz, zu ermöglichen. Wie schön wäre die Idee, unseren Frauen und Töchtern hierdurch einen angenehmen Vergnügungsort für Gesellschaften im Sommer, wie unseren Kindern ein Plätzchen für Mai-Belustigungen zu schaffen! Es besteht kein Zweifel, dass unsere städtische Behörde eine passende Lokalität hierzu uns nicht verweigern wird. Auch hinsichtlich der Kosten haben bereits einige hiesige Einwohner ihre Bereitwilligkeit zu ansehnlichen Beiträgen für diesen Zweck erklärt. Ein Mitglied des Verschönerungsvereins."

Doch sämtliche Aufrufe und Bitten, das Schlösschen zu erhalten, verliefen im wahrsten Sinn des Wortes im Sande. Damit sich genügend Käufer für den Abbruch finden ließen, wurde die Bausubstanz in der Zeitung bekanntgegeben: „Das Schlösschen im Osterholz-Wald soll auf den Abbruch verkauft werden. Es besteht aus einem achteckigen Saal mit 4 Nebenkabinetten; die 4 Haupteingänge sind mit Staffeltritten versehen, der Boden ist mit Werksteinplatten belegt; die 4 Türöffnungen bestehen je aus einer zweiflügeligen Vortür und einer inneren Glastür. Oberhalb im

Saal befinden sich 4 Ovalfenster; die Kabinette haben hohe Fenster und Läden. Die Umfassungs-Mauer ist massiv und mit Hausteinen und Kalksteinen ausgeführt. Türen und Fenster sind mit Hausteinen umfasst und wie das Holz der Dächer ziemlich gut erhalten."

Welche Abnehmer die Steine und das Holz aus dem Abbruch fanden, ist nicht bekannt. Nur das besagte Bauwerk in der Unteren Reithausstraße zeugt von dem ehemaligen Lustschlösschen im Osterholz. Denn ein Teil der Steine ist für den Bau des Bierkellers verwendet worden. Doch wie kamen die Steine in die Untere Stadt und fanden hier Verwendung?

Die mühselige Arbeit verrichteten Ludwigsburger Fuhrleute mit Pferden und Wagen und es wird schon den ganzen Sommer und Herbst 1843 in Anspruch genommen und viel Schweiß gekostet haben, bis alles an Ort und Stelle war und mit dem Bau des massiven Gebäudes über einem tiefen Keller begonnen werden konnte.

Der praktische Nutzen war dabei weit wichtiger als bauliche Schönheit, auf die sonst in Ludwigsburg großer Wert gelegt wurde. Die Steine wurden so verwendet, wie es halt passte.

Und so fällt das Gebäude in der Unteren Reithausstraße 32 bis heute aus dem Rahmen.

Im Jahr 1947 entschied sich die damalige Besitzerin, Julia Grub, für eine andere Nutzung. In dem großen hohen Gebäude wurde ein Kino eingerichtet. Heute erfreut es als Kultkino Luna die Kenner und Liebhaber besonderer Filme.

Die Stadt der langlebigen Bürger

Schon im 19. Jahrhundert waren die Bürger stolz auf ihr schönes Ludwigsburg. Verschönerungsvereine kümmerten sich darum, dass es so blieb. Auch die große Anzahl hochbetagter Bürger faszinierte die Menschen. Es hieß damals: Wer ein langes Leben haben will, der komme nach Ludwigsburg.

Von einem anonymen Einsender wurde am 8. August 1857 in der Zeitung auf „die ungemein gesunde und angenehme Lage unserer Stadt Ludwigsburg aufmerksam gemacht, sowie auf die mannigfaltigen Reize, die Kunst und Natur hier geschaffen haben, wie es wenige Städte gebe, in welchen man so angenehm und zugleich so gesund leben könne". Der Einsender, ein Fremder, erwähnt dankend, „dass er seinem hiesigen Aufenthalt wieder Gesundheit und Lebenslust verdanke, die er an anderen Orten lange vergeblich gesucht habe".

Das lässt aufhorchen: Ludwigsburg, als „2. Residenz- und 3. Hauptstadt des Landes", litt in seiner wechselvollen Geschichte, den Launen der Herzöge und Könige ausgeliefert, unter vielen Verunglimpfungen, wurde als eine verlassene, tote Stadt, wo das Gras in den Straßen wuchert, beschrieben und als „Schmollwinkel" Württembergs verhöhnt.

Schon im Sommer 1841 hatten die Ludwigsburger Bürger unter Federführung des Lehrers, Professor Dr. Binder, die Idee, einen Verein für die „Verschönerung unserer Stadt" zu gründen. Von den lokalen Vorzügen Ludwigsburgs überzeugt, zweifelte Binder nicht, dass „mancher wackere Mann, der die Vorzüge unseres schönen Ludwigsburgs zu würdigen weiß, von dem Wunsch beseelt ist, dieselben mehr, als es bisher leider geschehen, anerkannt zu sehen, und der den Glauben hat, dass hierfür, wenn wir nur redlich bemüht sind, das Unsrige zu tun, noch vieles bewirkt werden könne".

Sein Aufruf fand große Zustimmung und schon am 2. September 1841 wurde zur Gründung des „Vereins für die Verschönerung der Stadt Ludwigsburg" eingeladen. Die „Herren Mitglieder" einigten sich als Erstes, sich nicht mit „Schaffung von vielem Neuem zu befassen", sondern sich dem bereits Vorhandenen zu widmen und dieses zu fördern, „um uns bald in den Genuss zu setzen, was zur Erhöhung der Annehmlichkeit des hiesigen Aufenthaltes beizutragen bestimmt ist".

Das Resümee des Verschönerungsvereins, nach einem Jahr in der Zeitung veröffentlicht, lautet: „Verschiedene örtliche Verhältnisse legten es uns nahe, von Anfang an nur behutsam zu verfahren, unser Augenmerk mehr auf Erhaltung des Vorhandenen, als auf Hervorrufung neuer Schöpfungen zu richten. Jenes ist jetzt gewissenhaft geschehen. Wir freuen uns, versichern zu können, dass unsere Erwartung uns keineswegs irregeleitet hat. Bereits ist eine Anzahl von Vorschlägen zur Verbesserung und Verschönerung von den achtbarsten Seiten her an uns gelangt, wovon mehrere, ohne auf große Schwierigkeiten zu stoßen, in nicht entfernter Zukunft ausgeführt werden dürften. Auch außerhalb Ludwigsburgs hat unser Unternehmen Anklang und teilweise bereits Nachahmung gefunden."

Als Professor Binder im April 1846 von Ludwigsburg wegzog, verlor der Verein sein Zugpferd und löste sich auf.

Im Februar 1872 wurde erneut zur Gründung eines Verschönerungsvereins für die Stadt Ludwigsburg aufgerufen, dem durch die größere Einwohnerschaft bessere Erfolgsaussichten beschieden waren.

80 Jahre waren ein sehr hohes Alter, das fast keiner erreichte

Bei der jährlichen Generalversammlung des Vereins am 25. März 1874 wurde in einem Rückblick auf die hervorragende Tätigkeit des Vereins voller Anerkennung hingewiesen: „Wer heute Ludwigsburg besucht, ist überrascht, wenn er sieht, wie diese halbvergessene Stadt zu neuer Blüte sich emporgeschwungen hat. Neben dem Waffenhandwerk gedeiht Kunst und Industrie, und es ist mit Sicherheit anzunehmen, dass die Stadt auf dem besten Wege ist, diejenige feste Gestaltung aus eigener Kraft zu gewinnen, die nötig ist, um einem Gemeinwesen einen dauernden Platz in der Geschichte zu sichern. Trotzdem müssen wir den Wunsch aussprechen, dass in noch lebhafterer Betätigung und gemeinschaftlichem Streben an dem Emporblühen unserer Stadt teilgenommen wird, denn es gilt noch manche monotonen Schattenseiten im Innern der Stadt in Lichtseiten umzuwandeln.“

Im Laufe der folgenden Jahre wurden viele Projekte erfolgreich verwirklicht, besonders hervorzuheben sind die vielen angepflanzten Bäume an den innerstädtischen Plätzen und Straßen, und viele Bänke zum Ausruhen wurden unter den schattenspendenden Bäumen aufgestellt.

Die Anerkennung der Bürgerschaft für die neue Lebensqualität ließ nicht auf sich warten, wie dieser Leserbrief von damals zeigt: „Dass es in unserer Stadt überhaupt angenehm und gut zu wohnen, dass die Luft rein und frisch und darum auch der Gesundheit förderlich ist, dürfte auch daraus hervorgehen, dass eine stattliche Anzahl von Männern ein hohes Alter erreicht, und alle, heute noch körperlich und geistig rüstig, ihre regelmäßigen Spaziergänge zu unternehmen pflegen.“

Zu gleicher Erkenntnis kam ein weiterer Ludwigsburger Bürger. In Anlehnung an die Bibelstelle (Matth. 17, 4) vermerkte er am 14. Juli 1883 in unserer Zeitung: „Hier ist gut sein, lasset uns Hütten bauen. Selten wird eine andere Stadt in Deutschland eine verhältnismäßig ebenso große Anzahl von Greisen und betagten Mütterlein aufweisen können, wie unsere Stadt Ludwigsburg. In Ludwigsburgs herrlicher Lage, in seiner gesunden Luft, in seinen gastlichen Häusern kann das höchste Alter erreicht werden. Wer darum ein langes Leben haben will, der komme nach Ludwigsburg! Zurzeit befinden sich hier nicht weniger als 29 ehrwürdige Väter, die das 80. Lebensjahr längst schon hinter sich haben und die in Rüstigkeit und Geistesfrische auch noch das 90. und weitere Jahre zu erleben hoffen. Und nicht weniger als 30 betagte Mütterlein zählt unsere Stadt, noch rüstig und gesund, obwohl das 80., 86., ja 91. Lebensjahr bereits hinter ihnen sich befindet. Einer der Greise unserer Stadt steht noch mit Rüstigkeit in Dienst und Amt. Es ist Oberamtspfleger Herr Groß. Ein anderer ehrwürdiger Greis hat sein schweres Amt bis vor kurzer Zeit, im 82. Lebensjahr stehend, mit aller Geistesfrische fortführen können. Es ist Herr Regierungsrat von Lang.“

Männerlastig geht es in der folgenden Aufzählung weiter, die wir in Auszügen hier abdrucken: „Vergnügen macht es uns, die Namen einer weiteren Anzahl hochbetagter Männer hier einzustellen. Zeugschmied Fahrner zählt 86, Direktor von Scholl, Privatier Kuhnle, Stadtmeister Strohmetz, Stadt-Zinkenist Walker, Particulier Jesai Galizier sind 83 Jahre alt. Apotheker Bischoff, Fabrikant Käferle, Werkmeister Bäuerle, Kaufmann Berg, Seifensieder Sieber, Hauptmann von Schuntter, Gärtner Mochel, Inspektor Neubert, Kutscher Laubscheer, Krankenwärter Götz zählen je 82 Jahre, Baurat Döring ist 81. Wir schließen die so erfreuliche Altersstatistik mit dem Wunsch, dass diesen ehrwürdigen Greisen allen und den betagten Mütterlein noch ein recht angenehmer Lebensabend in unserer Stadt beschieden sein möge.“

Diese Wirkung der Stadt auf das Alter gibt es offenbar bis heute: 2018 blickt die älteste Bürgerin Ludwigsburgs, Schwester Bertholda im Kloster St. Josef in Hoheneck, auf 108 Lebensjahre zurück.

Gepanschte Milch für die Bürger

Gute, reine, frische Milch: Was heute selbstverständlich ist, war im Ludwigsburg des 19. Jahrhunderts eine Seltenheit. Ein Großteil der Milch wurde mit Wasser gestreckt. Doch wehe, wenn die Milchpolizei einen Bauern oder eine Milchhändlerin dabei erwischte. Die Namen der Sünder kamen an den Zeitungspranger.

Milch und Milchprodukte gehören seit Jahrtausenden zu den menschlichen Grundnahrungsmitteln. Sie sind wertvolle Lieferanten für Eiweiß, Fette und Vitamine. Ohne besondere Vorkehrungen sind Milch und Milchprodukte aber eine leicht verderbliche Ware. Während wir uns heute glücklich schätzen dürfen, Milch steril verpackt im „Tetra Pak“ kaufen zu können, sah das im 19. Jahrhundert noch ganz anders aus. Obgleich der französische Chemiker Louis Pasteur schon 1864 herausfand, dass Milch durch kurzes Erhitzen auf 60 bis 90 Grad haltbar gemacht werden kann – man spricht daher von pasteurisierter Milch – dauerte es lange, bis dieses Verfahren flächendeckend angewandt wurde. Doch das Problem war nicht nur die schnelle Verderblichkeit der Milch. Lange Zeit war es üblich, Milch mit Wasser zu strecken – der Wasseranteil dieses Gemisches lag oft bei bis zu 50 Prozent. Diese Vorgehensweise stellte ein zusätzliches Gesundheitsrisiko dar, weil das Wasser oft aus verunreinigten Brunnen stammte.

Als Ludwigsburg noch von einer Stadtmauer und Stadttoren umgeben war, fanden regelmäßig frühmorgens an den Toren Visitationen durch die Polizei statt. Dabei wurde die von den Milchhändlerinnen in die Stadt transportierte Milch mittels einer Milchwaage, der „Mollenkopf'schen Waage“, auf ihren Wassergehalt hin untersucht. Danach sah man die Händlerinnen der „getauften“ Milch mit hängenden Köpfen scharenweise von der Polizei begleitet in Richtung Amtsgericht ziehen.

Bei einer Prüfung im April 1865 am

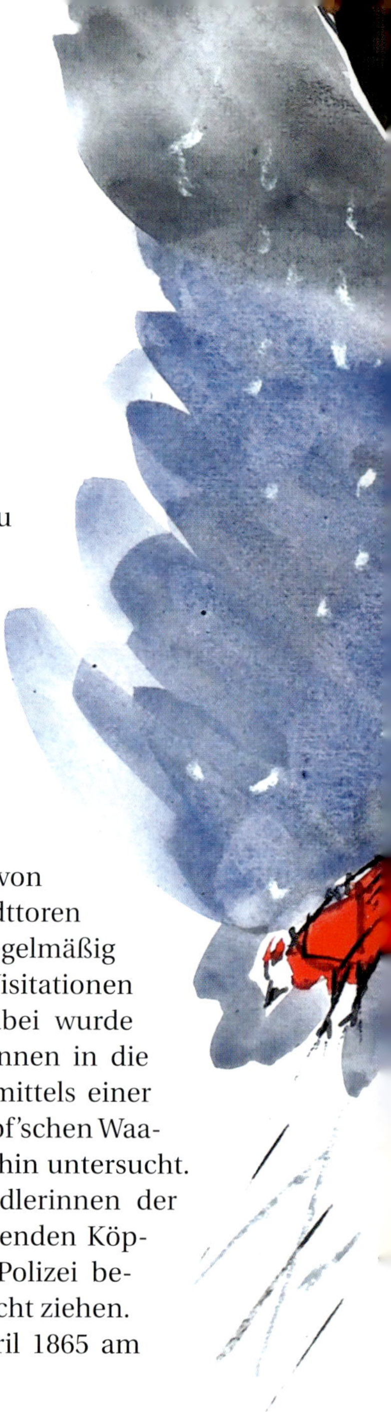

Heilbronner Tor wurde als beste Milch die der Gutsverwaltung Heutingsheim mit 93 Prozent Milchanteil gemessen. Die schlechteste Milch wies nur einen 39-prozentigen Milchgehalt auf. Diese wurde sofort konfisziert und die Händlerin in Haft genommen. Die Namen der ehrlichen Milchhändlerinnen wurden dagegen – zur Information der Einwohner – in unserer Zeitung veröffentlicht.

Die Fälscherinnen mussten sich vor dem Ludwigsburger Schöffengericht verantworten. So wurde eine Bäuerin aus Neckarweihingen wegen Milchfälschung im Dezember 1879 zu 14 Tagen Gefängnis und 30 Mark Strafe sowie zur Übernahme der gesamten Gerichtskosten verurteilt. Weiter ordnete das Gericht an, dass das Urteil mit vollem Namen der Verurteilten einmal öffentlich in der Ludwigsburger Zeitung bekanntzumachen sei.

Doch diese Art der öffentlichen Zurschaustellung der Schande änderte nichts an der Tatsache, dass die Milch weiter mit Wasser gestreckt wurde.

Besonderes Angebot aus Eglosheim

Einen klugen Weg schlugen die Melkviehbesitzer von Eglosheim ein. Bei einer Versammlung am 24. Mai 1876 bei Hirschwirt Theurer einigten sich die Milchbauern, jeden Morgen bis spätestens

7 Uhr gute, unverfälschte Milch nach Ludwigsburg zum Preis von 14 Pfennig pro Liter frei Haus zu liefern.

Sie machten in Ludwigsburg bekannt, dass die Interessenten abends in der Redaktion der Ludwigsburger Zeitung ihren täglichen Bedarf an Milch nebst Name und Wohnung in einer aufliegenden Liste anmelden können. Diese Milch war zwar zwei Pfennige teurer, aber dafür nicht gepanscht. Trotz dieses Angebotes und weiteren unangekündigten verschärften Kontrollen waren die Milchfälschungen vorerst nicht aus der Welt zu schaffen. Es wurde zwar mit der Zeit immer besser, zum guten Teil als Folge der strengen Bestrafungen, aber auch chemische Untersuchungen verbesserten die Kontrollmöglichkeiten.

Eine Probe direkt vom Euter

Die Wasserzusätze wurden seltener, als die hiesige Polizei zu dem untrüglichsten aller Mittel griff: Nicht nur die Milch wurde konfisziert, sondern von den betreffenden Kühen, die eine so schlechte Milch geliefert haben sollen, wurde zusätzlich eine amtliche Probe genommen. So wurde im Mai 1888 in einer Milchkanne ein Wasserzusatz von 40 Prozent nachgewiesen und mit einer sofort eingeleiteten Stallprobe am Euter der Kühe verglichen. Auf diesem Weg wurde auch bewiesen, dass die Fälschungen häufiger vom Produzenten – also den Bauern – und nicht von den Milchhändlerinnen begangen wurden.

Ein angeklagter Bauer verteidigte sich damals, „es handle sich doch nur um ein kleines, zum Ausschwenken des Melkkübels benutztes und der Milch beigefügtes ‚Tröpfle' Wasser." Als aber die Sachverständigen gehört wurden, bekam man einen Begriff davon, was von diesem ‚Tröpfle' zu halten war. Seine „Milch" bestand größtenteils aus Brunnenwasser.

Zu einer weiteren Beanstandung trugen die Behälter bei, in denen die Milch transportiert wurde. In einem Leserbrief am 6. Juli 1854 beschwert sich ein Ludwigsburger Milchtrinker in der Zeitung folgendermaßen: „Ich möchte anregen, dass die unpraktische und häufig auch garstige Benützung irdener Häfen (Ton- oder Steingutgefäße) zum Transport der Milch erkannt und beseitigt wird. Wie reinlich kommt die Milch vom Seegut Monrepos und vom Schlossgut Harteneck in Blechflaschen, wo in zwei derselben mindestens ebenso viel Milch hineingeht, als in einen ganzen Korb voll Milchhäfen. Die unnütze Last von 20 bis 30 Pfund der irdenen Häfen, die stets in einem Korb hin- und hergetragen wird, und der große Jammer, wenn ein Korb voll solcher Häfen umkippt, sollte schon längst Gegner genug unter denen gefunden haben, die diese Last tragen müssen. Wenn die Landleute nach Hause gehen, so werden nicht selten die leeren Milchhäfen als Retourtransportbehälter für Fleisch, Schmalz, Salben, Pflaster, Schnupftabak, Futter für Schweine und oft noch zu vielmehr benützt, als man gerne wissen möchte. Das Reinigen einer Blechflasche ist bei weitem leichter und bequemer als das der irdenen Häfen, in denen manche Milch einen besonderen Gefäßgeschmack bekommt, der keinesfalls immer angenehm ist."

Hut ab! Die verrückten Hutmoden Ludwigsburgs

Ohne Hut ging im 19. Jahrhundert keine Ludwigsburgerin auf die Straße. Auch die Herren waren stets bedeckt. Hutmachergeschäfte schossen wie Pilze aus dem Boden. Doch manch einer übertrieb es auch mit der Mode. So trugen die Damen eine Weile ausgestopfte Vögel auf dem Kopf.

Obwohl heute bei Männern und Frauen der Hut kaum noch in Mode ist, erwähnen wir in unserem Sprachgebrauch oft den Hut. Dem einen „reißt die Hutschnur", dem anderen „geht der Hut hoch", der Dritte „wirft seinen Hut in den Ring", die berufstätige Frau ist bemüht, „alles unter einen Hut zu bringen", bei „Hut ab!" sprechen wir unsere Anerkennung aus oder wehren ab mit einem „Das ist ein alter Hut!".

In früheren Zeiten waren Menschen ohne Hut, Kappe oder Haube nicht standesgemäß gekleidet. Noch bis in die Mitte des 20. Jahrhunderts war es für einen Mann undenkbar, ohne Kopfbedeckung aus dem Hause zu gehen. Auch die Dame galt ohne Kopfbedeckung als schlecht angezogen. Der Hut war immer mehr als nur Schutz vor Kälte, Nässe und Sonne.

Der Hut gab außerdem Aufschluss über die Zugehörigkeit zu Gesellschaftsschichten. Nicht selten war er auch Ausdruck politischer Gesinnung und immer war er Schmuck und modisches Accessoire.

Die „Karriere" des Damenhuts begann im 18. Jahrhundert in Form einer Haube, die alle verheirateten Frauen tragen mussten. Sie waren „unter die Haube gekommen" und sollten ihr Haar bedecken, um anderen Männern nicht den Kopf zu verdrehen – wie heute noch im Islam. Zu Anfang des 19. Jahrhunderts kam dann immer mehr der Hut nach französischem Vorbild in Mode.

Die Nachfrage nach dieser neuen Mode – vor allem gesellschaftlich hochgestellte Damen interessierten sich dafür – ließ sogenannte „Putzgeschäfte" in Ludwigsburg wie Pilze aus dem Boden schießen. Frauen und Fräuleins sahen hier ihre Chance, sich als Modistin und Geschäftsfrau selbstständig zu machen.

Die Modistin Auguste Siegmann annoncierte am 30. Oktober 1883 in der Zeitung: „Hiermit mache ich die ergebenste Anzeige, dass ich von meiner Reise aus Frankreich zurück und mit den neuesten Pariser-Modellen in Hüten und Hauben versehen bin."

Andere Putzmacherinnen suchten mit Straßburger

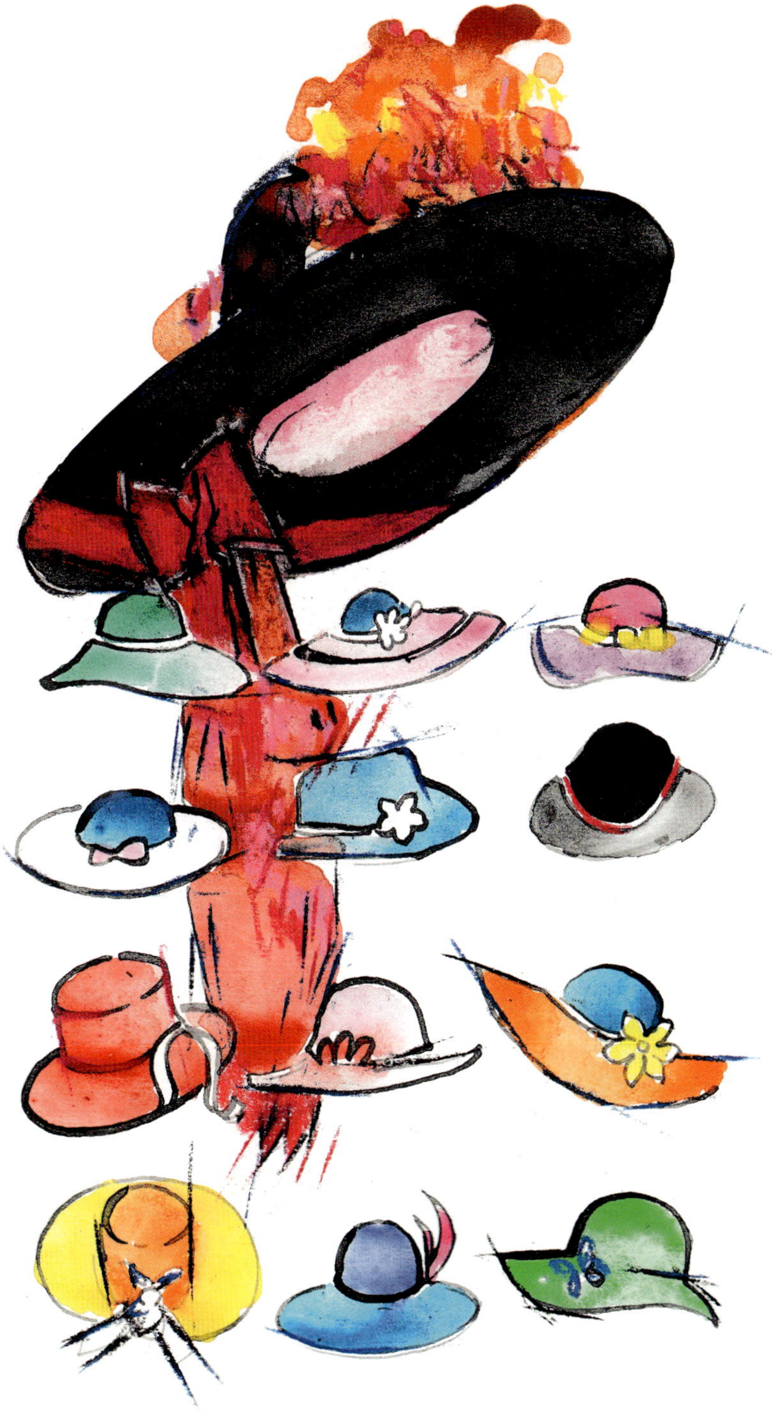

und echten Florentiner Damenhüten in das florierende Geschäft einzusteigen. Genügend Abnehmerinnen gab es in Ludwigsburg zuhauf, denn auch hier galt, je schicker, je kunst- und eindrucksvoller der Hut, desto höher stand die Dame in der Gesellschaft.

Diese „Sucht“ trieb die Hutmacherinnen zur Gestaltung von immer ausgefalleneren Kreationen, die im Februar 1876 zu einem Aufschrei des Ludwigsburger Tierschutzvereins in unserer Zeitung führte: „Der Mode-Unfug, ausgestopfte kleine Singvögel als Zierde auf den Damenhüten zu tragen, scheint trotz aller Mahnungen nicht nachzulassen und fordert die Tätigkeit des Tierschutzvereins heraus. Wenn die Sucht aufzufallen, sich so weit versteift, dass man sich mit den Leichen der kleinen, nur im Leben schönen Vögelchen behängt, so gibt es eigentlich keine Worte, um ein solches Gebaren genügend zu benennen. Das zarte Geschlecht, dem sonst immer eine besondere Wärme der Empfindung und ein zum Mitleid geneigtes Herz zugeschrieben wird, eine solche Verirrung aus Putzsucht, die ihrerseits nur einem verirrten Geschmack frönt, fördern zu sehen, ist geradezu widerwärtig. Zur Ehre der betroffenen Damen ist anzunehmen, dass es nur eines wiederholten energischen Appells bedürfen wird, um sie zur Vernunft zu bringen.“

Am 25. Juli 1835 erschien in unserer Zeitung folgende Glosse: „Seitdem sie hat ein neues Kleid, geht sie zur Kirche jederzeit! Seitdem sie trägt den neuen Hut, erscheint sie doppelt lieb und gut; O neuer Hut! O neues Kleid! Wie fördert ihr die Frömmigkeit!“

Weniger aufregend ging es in der Hutmode der Männer zu. Bevor sich der bekannte Ludwigsburger

Bürger Jakob Friedrich Kammerer mit Zündhölzern und anderen Auffälligkeiten die „Finger verbrannte“, beschäftigte er sich zur Verbesserung seiner wirtschaftlichen Lage mit der Hutmacherei und erwarb 1824 ein württembergisches Patent auf die „ausschließliche Verfertigung von Sommerhüten und Kappen aus Fischbein, Weiden und Spanischrohr“ mit einer von ihm erfundenen Maschine.

Als patentierter Sommerhutfabrikant entwickelte er wasserdichte Seidenhüte, die wegen der schönen haltbaren schwarzen Farbe und Glanz sich großer Beliebtheit erfreuten und sogar bis ins, wie er versichert, „oft entfernte Ausland“ versendet wurden.

Doch die Konkurrenz schlief nicht. Immer mehr Seidenhutmacher drängten auf den Markt, was Jakob Friedrich Kammerer nicht unkommentiert stehen lassen konnte. Im März 1829 versicherte er in der Zeitung: „Da meine Seidenhüte hinlänglich bekannt sind und ich diese nicht extra zu rühmen brauche, glaube ich doch in Betrachtung neu entstandener Seidenhutmacher, meine Herren Abnehmer und zahlreichen Besitzer meiner Fabrikate auf diejenigen Vorteile aufmerksam zu machen, welche gewiss berücksichtigt zu werden verdienen. Ich habe nämlich zur Verfertigung meiner Seidenhüte den besten Seidenplüsch, d.h. solchen, der am reichsten mit Haaren besetzt ist, genommen, somit können meine Herren Abnehmer immer mit einer schönen, modernen und wasserdichten Kopfbedeckung versehen sein.“

Während die Damen ihre Hüte immer aufbehalten durften, galt für die Herren als Zeichen der Höflichkeit, beim Betreten von Räumen ihre Hüte oder sonstige Kopfbedeckung abzusetzen. Unterwegs auf der Straße grüßte der Herr durch Anheben des Hutes. Mit dieser Geste drückte er seinen Respekt aus.

Im Anbetracht des bevorstehenden Winters hatten sich im Oktober 1820 eine Anzahl Ludwigsburger Herren entschlossen, sich gegen die schon längst als lästig anerkannte Gewohnheit des Hutabziehens auf der Straße auszusprechen. Ihre Meinung: Die Achtung und Ehrerbietung bei jeder Begrüßung ist auch nur durch Berühren des Hutes gewährleistet, wie es im Militärstand schon längst der übliche Gruß ist.

Auf viel Resonanz sind diese Herren wohl nicht gestoßen, denn es gab eine Gegenbewegung, die in unserer Zeitung folgendermaßen argumentierte: „Wir würden, wenn wir die Gewerbe nicht im Auge hätten, auch beistimmen. Aber so wollen wir es einstweilen beim Hutabnehmen belassen, das zwar lästig ist und den Hut bälder ruiniert, aber auch dem Hutmacher mehr Arbeit und Brot verschafft.“

Die Eisenbahn: Segen und Fluch

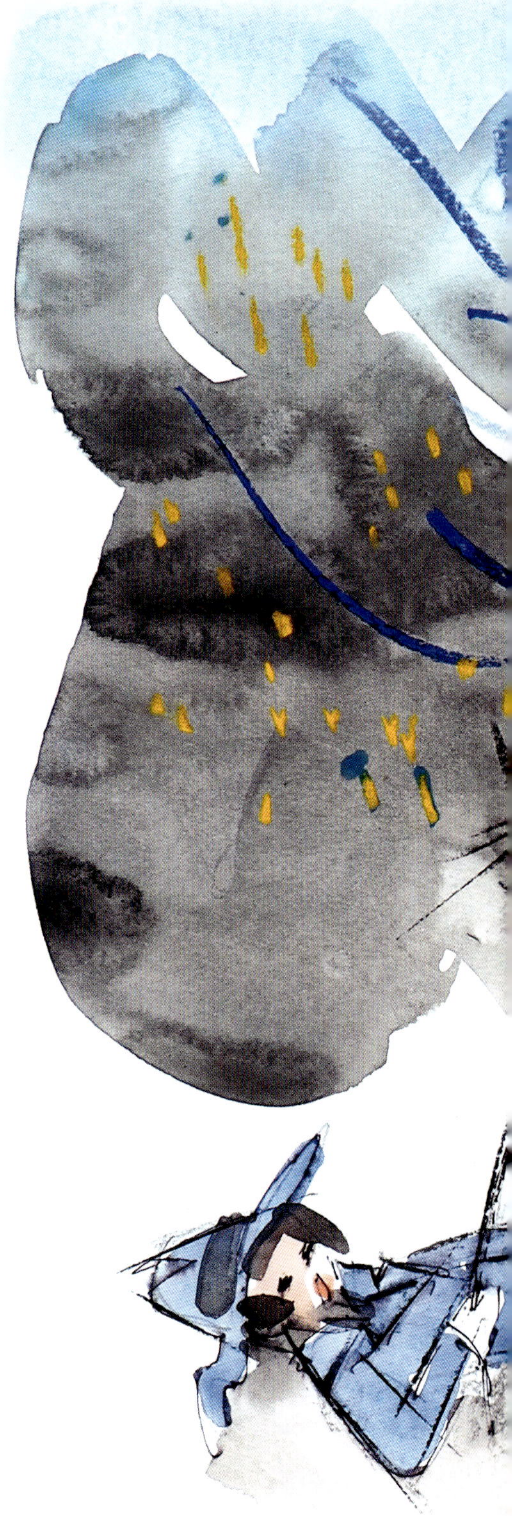

Die Eröffnung der Bahnlinie zwischen Stuttgart und Ludwigsburg im Jahr 1846 revolutionierte das Leben in der Stadt in vielen Bereichen. Doch mit den Schienen wurde die Landschaft auch zum ersten Mal durch die moderne Technik zerschnitten. Mensch und Tier mussten sich erst daran gewöhnen.

Die Eröffnung der Eisenbahnlinie zwischen Ludwigsburg und Stuttgart war ein Jahrhundert-Ereignis. Freude und Jubel schienen grenzenlos, als es am 15. Oktober 1846 endlich so weit war und die Eisenbahn für alle Passagiere geöffnet wurde. Nun konnten auch die Ludwigsburger Bürger „das rauchende, pfeifende und stöhnende Ungeheuer, das man Lokomotive nennt und das mit Windeseile über eiserne Schienen hinwegbraust", mit eigenen Augen bestaunen und begutachten. Ludwigsburg war von nun an an die große weite Welt angeschlossen.

Doch die neue Fortbewegungsmöglichkeit hatte auch ihre Schattenseiten. Die Menschen konnten das Zischen, Pfeifen und Fauchen der Lokomotive, das Dröhnen der Räder auf den Geleisen meist richtig ein-

ordnen. Bei den Tieren, besonders bei den Pferden, sah es dagegen erheblich anders aus. Bis zum Bau der Eisenbahn war das Pferd, neben dem Ochsen, das einzige Zugtier auf den Straßen. Bald kam es zu Unfällen durch scheuende Pferde, die in unserer Zeitung als Mahnung erschienen: „Ein auf der Landstraße mit einem durch die Eisenbahn scheu gewordenen Pferde entstandener Unglücksfall mag als Warnung für diejenigen dienen, die ihr Weg mit Pferden an Eisenbahnzügen vorüberführt.“ Kurze Zeit später „fuhr der hiesige Wundarzt Röcker mit seinem Pferd in einer Chaise in der Nähe der Bahn vorüber. Gerade als der Zug daher eilte, scheute das Pferd durch das Zischen, Pfeifen und Fauchen der Lokomotive und wollte durchgehen. Der Wundarzt sprang schnell aus dem Wagen, um sein Pferd zu beruhigen, wurde aber zu Boden gerissen und schwer verletzt. Möge also jeder, solange er an der Eisenbahn vorüberfährt, dies langsam tun und sein Pferd an der Hand halten.“

Um Unfälle oder sonstige Unannehmlichkeiten entlang der Bahnstrecke zu verhindern, wurden am 26. September 1846 von der Stadt folgende Bestimmungen in der Zeitung veröffentlicht:

§ 1. Es darf niemand die Böschungen, Dämme, Gräben, Brücken, Tunnels usw. betreten, dort sich aufhalten, reiten, fahren oder Vieh treiben.

§ 2. An den Stellen, wo Bahnübergänge bestehen, darf das Geleise von Fußgängern, Reitern und Fuhrwerken nur dann überschritten werden, wenn die Schlagbäume geöffnet sind. Außerdem dürfen Pflüge, Eggen und sonstiges landwirtschaftliches Gerät sowie Holzstämme ohne unterlegte Schleifen nicht hinübergeschafft werden.

§ 3. Einen Schlagbaum eigenmächtig zu öffnen, zu besteigen oder etwas darauf zu legen oder zu hängen, ist untersagt.

§ 4. Fuhrwerke, Reiter, Lasttiere dürfen bei verschlossenen Schlagbäumen sich nur bis auf 20 Schritte nähern.

§ 5. Ankommende Fuhrwerke stellen sich nacheinander auf der rechten Seite der Straße auf und fahren in der Ordnung, welche der Bahnwärter anweist, über die Bahn.

§ 6. Die Fuhrwerke dürfen nur im Schritt über den Bahnübergang geführt werden.

§ 7. Das Treiben von Viehherden über den Bahnübergang darf erst geschehen, nachdem vom Bahnwärter Erlaubnis erteilt worden ist.

§ 8. In der Nähe der Eisenbahn darf kein Vieh geweidet werden.

§ 9. Holz, Steine oder sonstige Sachen auf die Bahnschienen zu legen oder zu werfen, Wasser-Abzugsgräben zu verstopfen, Signale nachzuahmen oder Ausweichvorrichtungen zu verrücken, ist verboten. Die Übertretung der Bestimmungen wird durch die Eisenbahnstellen mit Geldbußen von 1 bis 6 Gulden geahndet!

Doch Verbote sind eben auch nur Verbote und geschlossene Schranken werden nicht von allen Menschen akzeptiert. Das hat sich bis heute nicht geändert. Einer jungen Erntehelferin wurde die fehlende Vorsicht am 26. Juli 1874 zum tödlichen Verhängnis:

„An dem ersten Wegübergang östlich vom Birkhold'schen Bahnwärter-Häuschen wollten früh 5½ Uhr zwei Schnitterinnen, die auf einem Feld beschäftigt waren, das Frühstück in Eglosheim holen. Gerade um diese Zeit kam ein Güterzug von Asperg her, dem sie einige Augenblicke nachsahen. Während nun die eine durch die geschlossene Barriere schlüpfte, blieb das zweite Mädchen nah am Gleis stehen, weil sie ihre Schuhe zuknüpfen wollte. Weiterhin miteinander plaudernd, hörten sie, durch das Geräusch vom vorüberfahrenden Güterzug abgelenkt, das Heranbrausen des von der anderen Seite herkommenden Eilzuges nicht. Durch einen Stoß der Lokomotive wurde das Mädchen rückwärts geschleudert und war auf der Stelle tot. Die Verunglückte, 24 Jahre alt, ledig, ist von Mundelsheim gebürtig. Dieser traurige Fall mahnt aufs Neue zur größten Vorsicht."

Eine Frage der Klasse

Nicht nur im Zug, auch bei den Wartesälen gab es in den Anfangstagen der Eisenbahn drei unterschiedliche Klassen. Während es sich die feinen Herrschaften auf Polstermöbeln gemütlich machen konnten, ging es beim einfachen Volk eng und stickig zu.

Nachdem am 30. September 1846 die erste Probefahrt auf der Bahnstrecke Stuttgart–Ludwigsburg ohne Probleme vonstattengegangen war, mussten die Ludwigsburger aber noch bis zum 15. Oktober 1846 warten, bis die Bahn zur allgemeinen Benutzung freigegeben wurde.

Der Grund dieser fast zweiwöchigen Verzögerung lag in der kalten Witterung und in dem Nichtvorhandensein von Wartesälen auf dem Ludwigsburger Bahnhof. Es wurde daraufhin abgeraten, ohne Wartesäle die Fahrten zu beginnen. Hals über Kopf begann man dann mit der Arbeit und errichtete provisorische Bretterbuden, in denen sich auch die Fahrkartenausgabe befand. Doch es dauerte noch fast zwei Jahre, bis endlich drei Wartesäle jeweils für „hohe und niedere“ Ansprüche fertiggestellt waren.

Der Wartesaal I. Klasse, auch Hofwartesaal genannt, stand nur den hohen und höchsten Herrschaften zur Verfügung. Am 1. Juli 1891 erfuhr man aus der Zeitung, wie elegant besonders der I. und II. Wartesaal ausgestattet waren: „Die K. Bahndirektion hat in diesen Wartesälen nicht nur die Maler- und Tapezierarbeiten neu ausführen lassen, sondern denselben auch mit Möbeln, hauptsächlich feinen Polstermöbeln zeitgemäß ausstatten lassen. 7 Diwans mit rotbraunem Plüsch bezogen, 16 Sessel feinster Schreinerarbeit, mit Sitz- und Rückenpolster, und 3 Fauteuils mit gleichem Überzug sowie 7 Lambrequins (Querbehang, mit dem der obere Abschluss von Fenstern und Türen verschönert wird) von rotbraunem Wollstoff und 2 reich gearbeitete runde Tische bilden nunmehr außer dem Wandschmuck die Einrichtung dieser Wartesäle. Künftig darf der Wartesaal I. und II. Klasse nur von Reisenden mit entsprechenden Fahrkarten betreten werden."

Unbekannte verwüsten den Wartesaal

Einige Jahre später wurde der Wartesaal II. Klasse des Bahnhofs Schauplatz „eines Aktes schmählicher Zerstörungssucht". Zwischen 2 und 3 Uhr nachts wurde „von einem Individuum, bezüglich dessen bis jetzt jeder Anhaltspunkt fehlt, der Plüschbezug von 13 Sesseln durch Kreuz- und Querschnitte mittels Messer vollständig verdorben. Auch die Polster der Sofas versuchte der Täter in den Bereich seiner Tätigkeit zu ziehen, doch leisteten hier die bei Nacht stets angebrachten Leinenüberzüge Widerstand, sodass nur letztere Schaden litten. Da sämtliche Sessel, die zunächst provisorisch wieder instand gesetzt wurden, neu überzogen werden müssen, ist der Schaden ein recht beträchtlicher."

Der Wartesaal III. Klasse dagegen war nur spartanisch mit Holzbänken, 12 Holzstühlen und 2 runden Tischen ausgestattet. Hier im Wartesaal der „einfachen Leute" war eine vom Ludwigsburger Buchbinder Eduard Krauß entworfene und gezeichnete Eisenbahnkarte für Deutschland und die angrenzenden Länder aufgehängt. Sie war so konzipiert und augenscheinlich darauf berechnet, zunächst demjenigen Publikum, das sich sonst nicht viel mit Landkarten auskennt, auf eine recht anschauliche und verständliche Weise etwas zur Unterhaltung und Belehrung anzubieten.

Der Abort stinkt den feinen Herren gewaltig

Ob die 40 Personen, die am 1. Februar 1855 auf den Zug nach Stuttgart warteten, sich an dieser Karte erfreuen konnten, ist sehr fraglich. Denn als der Zug um 10.25 Uhr ankam, drängten die Reisenden zur Tür des Wartesaals, aber diese war verschlossen und ehe Abhilfe kam, brauste der Zug davon. Es wurde berichtet, dass die langen Gesichter der Passagiere, ihr Lamentieren und Fluchen für die unbeteiligten Zuschauer ergötzlich gewesen sein sollen. Nicht zu vergessen: Der nächste Zug nach Stuttgart fuhr erst um 13.32 Uhr, immerhin drei Stunden, die an diesem kalten Februartag unfreiwillig im ungeheizten Wartesaal verbracht werden mussten.

Als sich im Juni 1882 die feinen Herrschaften in den Wartesälen I und II beschwerten, da sie sich durch einen „üblen Geruch“ belästigt fühlten – der Abort befand sich in nächster Nähe der feinen Wartesäle – wurde für die Notdurft ein „Abtritt an der östlichen Außenwand zwischen der Türe zum Wartesaal III. Klasse und dem Portier-Zimmer“ in Auftrag gegeben, welcher aber vom Bauamt aus baurechtlichen Gründen nicht genehmigt wurde.

Im Wartesaal III. Klasse war es meistens drängend voll, man schob und schubste sich, fluchte und stritt sich über die wenigen Sitzgelegenheiten. Da die Türen geschlossen waren und erst geöffnet wurden, nachdem das Signal bei Ankunft des Zuges mittels der Stationsglocke erschallte, stand es um die Sauerstoffqualität nicht besonders gut, dazu war die Luft geschwängert von dicken Rauchschwaden, Rauchverbote gab es noch nicht. Ob die zwei Todesfälle im Wartesaal, von denen in der damaligen Zeitung berichtet wurde, hiermit im Zusammenhang stehen, sei dahingestellt.

Im stetigen Getümmel fanden Langfinger leicht ein Betätigungsfeld. Die Zeitung berichtet: „Am Nachmittag des 16. April 1864 wurde im Wartesaal III. Klasse ein frecher Diebstahl verübt. Ein Mädchen, das im Begriff war, nach St. Gallen in Dienst zu gehen, hatte außer einem Koffer eine Tasche bei sich, in der sich ihre Barschaft von 40 Gulden befand. Sie hatte sich einige Zeit im Wartesaal aufgehalten, als sie nun in den Zug um 13.43 Uhr einsteigen wollte, bemerkte sie, noch ehe sie im Wagen war, dass sie ihre Tasche zurückgelassen hatte. Schnell eilte sie in den Wartesaal zurück, aber die Tasche war spurlos verschwunden und die Arme auf diese Weise um die Früchte mehrjähriger Sparsamkeit gebracht.“

Ging es tagsüber, besonders in den Morgen- und Abendstunden, sehr lebhaft auf dem Bahnhof und den Wartesälen zu, war es in den Nachtstunden ruhiger. Hier ereignete sich in der Nacht vor Heiligabend 1880 eine wahrhaft echte Weihnachtsgeschichte: Eine unterkunftslose hochschwangere Frau hatte im Wartesaal III in der Stille der Nacht Aufenthalt gefunden und brachte hier allein ein Kind zur Welt. Am frühen Morgen verließ sie den Bahnhof und lief dann mit dem Kind auf dem Arm so lange in der Stadt umher, bis sie von der Polizei entdeckt und ihr ein Unterkommen im Stadtspital gegeben wurde.

rtefaal III
zu den
zügen

Vorsicht auf dem Bahnsteig

In den ersten Jahren des Bahnhofs mussten die Passagiere ohne Bahnsteig auskommen. Der Zugang zu den Zügen erfolgte über eine Art Gehweg. Das sorgte für allerlei Ärger, Diskussionen und Unfälle. Besonders grausam verunglückte ein Leutnant, der auf dem Hohenasperg stationiert war.

Auch wenn der Bahnhof schon seit dem 15. Oktober 1846 in Betrieb war, gab es noch lange bauliche Mängel, die auch Thema in unserer Zeitung waren: „Die unbegreifliche Verzögerung, mit welcher die Arbeiten zur Vollendung unseres Bahnhofes betrieben werden, hätte gestern beinahe ein Menschenleben gekostet. Der hiesige Rechtskonsulent Werner kehrte gestern Nacht mit dem Bahnzug hierher zurück und, auf sein Gepäck wartend, lehnte er sich, mit einem schweren Geldpaket auf dem Arm, an die Hopfenstangen oder Weinbergpfähle, welche derzeit noch als Geländer, dem Trottoir entlang, angebracht sind. Dieses brach aber augenblicklich zusammen und Herr Werner stürzte rücklings das ungefähr 3 Schuh (etwa 85 Zentimeter) hohe Trottoir hinunter und zwischen, unten in reizender Unordnung liegenden, Bausteine hinein; das schwere Geldpaket ihm auf die Brust. Glücklicher-, aber ebenso unbegreiflicherweise hat er bis jetzt, einige blaue Flecken ausgenommen, noch keine nachteiligen Folgen seines Sturzes verspürt."

Wie heute unsere Sprache von Anglizismen durchzogen wird, zeugten im 19. Jahrhundert noch viele französische Ausdrücke von der starken Anlehnung an französische Sitten und Gebräuche. Jahrhundertelang galt Französisch als Sprache des Adels und der Gebildeten.

Man spricht von Trottoir und Billett

Der Ludwigsburger Bahnhof wies anfangs also keinen Bahnsteig auf, sondern die Reisenden befanden sich in Erwartung der Ankunft der Züge auf dem „Trottoir", und für die Zugfahrt wurde keine Fahrkarte, sondern ein „Billett" benötigt. Die Anweisungen der Bahnhofinspektion lauteten daher: „Da es seit einiger Zeit vorkommt, dass Personen in größerer Anzahl das Trottoir betreten, ohne mit Fahrbilletten versehen zu sein, wodurch das Dienstpersonal in seinen Verrichtungen gestört wird und die Bahnzüge unnötig aufgehalten werden, so ist dem Aufsichtspersonal eingeschärft worden, jeden, welcher mit keiner Fahrkarte versehen ist, über das Trottoir hinunter zu weisen und wenn er der Weisung nicht alsbald Folge leistet, zur Bestrafung anzuzeigen."

Diese Anweisungen stießen wiederum auf Unverständnis und in einem Leserbrief an unsere Zeitung wird bemängelt, dass es keine Möglichkeit gibt für „Abschied nehmende Begleiter eines mit der Eisenbahn reisenden Angehörigen, weder im Wartesaal noch auf dem Trottoir. Wo sollen sie sich aufhalten"? Daraufhin wurde, wie in Stuttgart, in Erwägung gezogen, Trottoir-Billetts zu zehn Pfennig pro Person auszugeben. Diese Idee war aber ungeeignet und sorgte beim Publikum für Ärger. Alsbald wurde sie fallengelassen. So blieb es erst mal beim alten Zustand.

Lebend kommt der Leutnant nicht an

Neben diesen eher kleineren Streitereien ereigneten sich aber auch eine Menge schreckliche Unglücksfälle. Die Zeitung hielt sich damals in keiner Weise zurück und schilderte die Unfälle in einer drastischen Sprache – auch aus Gründen der Abschreckung: „In der Nacht vom 4. auf den 5. Januar 1876 hat sich hier ein grässliches Unglück zugetragen. Herr Leutnant Renz, auf dem Hohenasperg garnisoniert, wollte noch mit dem nachts 12½ Uhr hier abgehenden Schnellzug nach Asperg zurückfahren, und ist, wie der Führer, sowie der Heizer vom Zugpersonal gesehen haben wollen, in den schon in Bewegung gewesenen Zug hinein-

gesprungen, und muss dabei so unglücklich gefallen sein, dass er zwischen die Wagen kam und hier alsbald seinen Tod fand. Zwischen dem hiesigen Bahnhof und der Station Asperg wurden die Kleidungsstücke des Verunglückten teilweise total zerfetzt, der Degen, Uhr usw. zerstreut aufgelesen, in der ersten Weiche der Station Asperg stak ein Fuß, vom Körper abgerissen, und hier erst erfuhr man das grässliche Ereignis. Der Körper, von dem sämtliche Kleider abgerissen waren, wurde dort aufs Schrecklichste zugerichtet aufgefunden. Eine wiederholte traurige Mahnung zur Vorsicht! – Möge der sich doch in Gottes Namen beruhigen, dem der Zug vor der Nase wegfährt. Unannehmlichkeiten und etwaige Opfer sind gewiss nie so groß, um ein Kleinod wie das aufzuwiegen, das er dagegen in die Waagschale legt – das Leben."

Nicht nur schockten die vielen Unfälle die Reisenden, auch Langfinger trieben ihr Unwesen, die sich meistens auf Taschendiebstähle spezialisiert hatten. Die Diebe versuchten es meistens mit der Masche: im Gedränge auf dem Trottoir die Reisenden anzustoßen, und wenn diese sich umdrehten, waren sie schon um ihre Barschaft erleichtert und die Gauner im Getümmel verschwunden. Bei einer Leerung der Aborte auf dem Bahnhof am 17. April 1856 fanden sich drei ihres Inhalts beraubte Portemonnaies vor. Doch es gab auch erfreulichere Geschichten, die ihren Weg in die damalige Zeitung fanden: „Ein Vorkommnis, wie es sich am Sonntagabend des 18. Februar 1883 auf dem hiesigen Bahnhof zutrug, ist wohl der Veröffentlichung wert. Ein Soldat hiesiger Garnison fuhr mit dem 5-Uhr-Zug von Asperg zurück und vermisste nach dem Verlassen des Zuges seinen Geldbeutel, in welchem sich zufälligerweise ein nicht unbedeutender Betrag in Gold befand. Im Begriff, den Vorfall zu melden, erfuhr der Soldat, dass der Israelit Jakob Stein von Freudental den betreffenden Geldbeutel gefunden und bei der Bahnbehörde abgegeben habe. Auf Finderlohn von einem Soldaten verzichtete der ebenso ehrliche wie charmante Finder im Voraus."

Auch kurios: Am Samstag, 29. Mai 1853, als der Eisenbahn-Frühzug um sieben Uhr am Bahnhof ankam und die Passagiere ausgestiegen waren, wurde eine hochschwangere Frau „von gewissen Schmerzen auf dem Trottoir überfallen und sie gebar zu nicht geringer Überraschung und mitunter Schrecken des Publikums ein gesundes Kindlein. Es wurde für diesen Sohn alle Sorge für die nicht minder Überraschte aufgewendet."

Kurioses aus den Zügen

Gestohlen, vergessen, zerstört - auch vor 150 Jahren ereignete sich allerhand Kurioses in den Zügen, die durch den Ludwigsburger Bahnhof kamen. Kurios waren auch die Unterschiede, die gemacht wurden. Einen wärmenden Ofen gab es beispielsweise nur für die Passagiere der 1. und 2. Klasse.

Bevor am 15. Oktober 1846 die Bahnverbindung zwischen Ludwigsburg und Stuttgart für den Personenverkehr geöffnet wurde, gab es ein Jahr vorher, am Sonntag, den 5. Oktober 1845, eine Probefahrt zwischen Cannstatt und Untertürkheim. Zu dieser versammelte sich eine „ungeheure Menschenmenge“ längs der Bahnlinie. Ein Augenzeuge berichtete, „denn gar manches schwäbische Menschenkind kam zum ersten Mal in den Genuss, das rauchende, pfeifende und stöhnende Ungeheuer bei der Fahrt zu sehen, das man Lokomotive nennt und das mit Windeseile über eiserne Schienen hinwegbraust.“

Angehängt an die Lokomotive war nur ein Waggon 1. und 2. Klasse, amerikanischer Bauart, „der aber von

1. Klasse

kolossaler Dimension, wie eine zweite Arche Noah, einem stattlich gebauten Hause glich und Ähnlichkeit mit einem Dampfschiff aufwies. Dieser Wagen war vorne und hinten mit 2 Räderpaaren, also mit 8 Rädern, versehen. Eine solide und bequeme Inneneinrichtung lud zur angenehmen Fahrt ein, die Fenster waren mit einer Galerie versehen, die bei schwülem Wetter und größeren Fahrten Luft zu schöpfen erlaubte, ohne durch Öffnen der Fenster auf beiden Seiten im Wagen einen unangenehmen Zug zu veranlassen", berichtete unsere Zeitung damals.

Als dann der Bahnverkehr immer mehr an Fahrt zunahm, und der Andrang des Publikums größere Ausmaße annahm, wurde, um allen Ständen gerecht zu werden, Waggons mit 1., 2. und 3. Klasse angeschafft, die natürlich große Unterschiede aufwiesen. Gab es im Waggon 1. und 2. Klasse mit Rosshaar gepolsterte Sitze, mussten die Reisenden der 3. Klasse (später gab es sogar noch eine 4. Klasse) sich mit Holzbänken begnügen, die dann auch bald den treffenden Namen „Holzklasse" bekam. Oft waren diese Wagen überfüllt, besonders in den Abendstunden, dann suchten die Reisenden die Wagen der 2. Klasse auf, was wiederum die „besseren Leute" gleich zu beklagen wussten.

Beheizte Eisenbahnwagen – natürlich nur für die Reisenden der 1. und 2. Klasse – führte die württembergische Bahn im Winter 1854 ein. In der Mitte der Wagen waren eiserne Öfen aufgestellt, die vom Fahrpersonal teils mit Holz, teils mit Koks befeuert wurden. Diese Einrichtung erwies sich als erhebliche Verbesserung bei den winterlichen Fahrten. Immerhin konnte so auch bei strenger Kälte eine gleichmäßige Temperatur von 12 bis 15 Grad gehalten werden.

Der finanzielle Aufwand an Brennmaterial pro Wagen und Wegstunde wurde mit der Fahrkarte verrechnet. So hieß es dann damals in der Zeitung: „Die württembergische Bahn bietet somit nunmehr den Eisenbahnreisenden die große Annehmlichkeit, dass sie ihre Wintertouren, soweit sich solche über die württembergische Bahn erstrecken, gleichsam in geheizten Zimmern zurücklegen, und sich während der Fahrt nach ihrem Belieben dem wärmenden Ofen nähern, oder von demselben entfernt halten können."

Wie heute klagte auch damals die Bahn über Vandalismus in den Zügen. Im Januar 1851 wurden in einem Wagen der 3. Klasse sechs lederne Riemen mit Messinghandgriffen, die zum Aufziehen der Fenster dienten, abgeschnitten und entwendet. Im März 1856 schlichen sich Ganoven in einen abgestellten Wagen 2. Klasse und rissen sämtliche neun Sitze, die mit hellbraunem Tuch bezogen, mit braunen Schnüren eingefasst und mit Rosshaar gepolstert waren, heraus und verschwanden unerkannt. Der Schaden belief sich immerhin auf über 100 Gulden.

Eine Mutter lässt ihr zwei Wochen altes Baby zurück

Dazu gab es auch immer wieder Diebstähle. Einen besonders raffinierten leistete sich eine „Weibsperson" am 3. Februar 1862. Der Bestohlene war Schultheiß Henrichsen von Hohenhaslach. Seine Reisetasche hatte er sorglos auf einen leeren Sitzplatz neben sich gelegt, und als der Zug in Ludwigsburg um 19.12 Uhr einfuhr, griff die unbekannte Frau nach der Tasche, sprang aus dem noch fahrenden Zug und verschwand. Laut Fahndungsbericht, der in der Zeitung veröffentlicht wurde, „befand sich in der Tasche eine von Hutmacher Paur in Stuttgart gekaufte braune, so genannte russische Kappe, mit rundherum aufgeschlagenem Schild, ein schwarzer feiner Spitzenschleier, verschiedene Papiere, Schreiben an Stuttgarter Behörden, ein Schreiben an Bankier Langbein in Stuttgart, sowie eine württembergische Lebensversicherung-Police vom Jahr 1859 im Betrag von 1000 Gulden."

Eine Geschichte anderer Art spielte sich am 16. August 1859 im Zugabteil 2. Klasse ab, die als Leserbrief erschien: „Ein höchst göttlicher Akt spielte gestern Abend auf unserem Bahnhof. Ein schlauer Passagier hatte, um das Fahrgeld zu sparen, seinen Hund in eine Reisetasche von Stuttgart hierher versteckt, der sich auch die ganze Fahrt über still verhielt. Schon wollte der Herr im Siegesgefühl den Wagen verlassen, als der auf diese neue Art transportierte Hund Laute von sich gab und die List des Passagiers vereitelte; denn ein unerbittlicher Kondukteur ließ nicht eher von ihm ab, bis er den dreifachen Betrag der Hundetaxe bezahlt hatte."

Bei der Visitation der Waggons an einem Sonntagabend Anfang Juli 1883 fand der Aufseher unter einer Bank ein etwa 14 Tage altes lebendes Kind weiblichen Geschlechts, das in einen großen Schal eingewickelt war. Das Kind wurde in der städtischen Krippe untergebracht. Die Mutter des ausgesetzten Kindes konnte nicht mehr ermittelt werden.

Krieg auf den Straßen – das Auto kommt

Jahrhundertelang waren das Pferd und die Beine der Maßstab für die Geschwindigkeit. Dann kamen erst das Fahrrad und dann die Eisenbahn dazu. Vor etwas mehr als 100 Jahren erschienen die ersten Autos. Seither ist nichts mehr, wie es einmal war. Ein Blick auf die Zeit, als der Wahnsinn auf die Straßen kam.

Die industrielle Revolution ab Mitte des 19. Jahrhunderts veränderte auch den Straßenverkehr. Nachdem die Eisenbahn und das Fahrrad in der Bevölkerung breite Zustimmung gefunden hatten, und diese neue Mobilität die Reise- und Entdeckungslust ungemein steigerte, tauchten gegen Ende des 19. Jahrhunderts auf den Straßen „motorisierte Kutschen" auf. Das sogenannte Automobil beanspruchte ab diesem Zeitpunkt seinen eigenen Platz auf der Straße – und bis heute wird darüber gestritten. Auch wenn es anfangs eher gebrechliche Fahrzeuge waren, die über die Straßen tuckerten, verärgerten und erzürnten sie die übrigen Verkehrsteilnehmer wegen des ohrenbetäubenden Geknatters, des widerlichen Gestanks und des Staubes, den diese Fahrzeuge hinterließen, von Anfang an. Es hagelte Proteste gegen dieses „gefährliche Spielzeug müßiger Angeber" bis hin zu Petitionen, schließlich waren die Straßen wie eh und je bevölkert von Fußgängern, Radfahrern, Pferdefuhrwerken, spielenden Kindern und Federvieh.

Es war auch nicht zu übersehen, dass den Wagenlenkern anfangs noch jede Vorstellung fehlte, wie mit diesem motorisierten Gefährt umzugehen war und worauf es hinter dem Steuer ankam. Dies bekam ein Postwagen, der am Sonntagvormittag, 20. Februar 1898 unterwegs von Ludwigsburg nach Zuffenhausen war, zu spüren. Als ein Motorwagen dem Postwagen entgegenkam, scheuten die Pferde. Die Folge war ein erster Unfall zwischen Auto und Pferdewagen.

Die Postkutsche wurde vollständig zertrümmert, die Insassen kamen glücklicherweise mit dem Schrecken davon, während die Pferde, in ihr Zaumzeug verwickelt, aus dem Straßengraben geborgen werden mussten, berichtete unsere Zeitung damals. Der erste Motorwagenunfall in der Ludwigsburger Innenstadt

ereignete sich am 9. September 1900, wieder durch scheuende Pferde. In der Zeitung war daraufhin zu lesen: „Am Sonntagnachmittag scheuten in der vorderen Schlossstraße die Pferde eines, dem Gutspächter Hege auf dem Wilhelmshof gehörigen Gefährts, vor einem entgegenfahrenden Motorwagen und rannten seitwärts in die Allee, wobei das Gefährt umstürzte. Die Insassen wurden herausgeschleudert, nahmen aber glücklicherweise keinen beträchtlichen Schaden, bis auf einen Knaben, der sich das Achselbein ausrenkte. Den Leiter des Motorwagens trifft keine Schuld."

Pferde gegen Autos – das war von Anbeginn ein Konflikt: Der Ludwigsburger Rittmeister a. D. Willy Schönwetter berichtete in unserer Zeitung ausschweifend über seine Erlebnisse mit den Automobilen: „Im Sommer 1901 fuhr mir von der Hohenstange ein ganz kleines, graues Automobil in rasendem Lauf mit starkem Geräusch entgegen. Nur ein zufällig vorhandener Feldweg, in den ich im Galopp einbiegen konnte, rettete mich vor dem Umwerfen durch meine vor Angst kopflos gewordenen Pferde.

Die Pferde ertragen den Lärm nicht

Am 21. Oktober 1901 wollte ich nach Stuttgart fahren. Vor Zuffenhausen sahen mein Kutscher und ich ein Luxusautomobil mit 4 Insassen und einem Führer uns entgegenkommen. Wir hielten an und suchten den Lenker des Autos durch Rufen und Zeichen zum Halten zu bewegen. Da dieser absolut nicht darauf reagierte, ließ ich meinen Kutscher herunterspringen, und die Pferde beim Kopf nehmen. Als das Automobil uns schnaubend und rasselnd fast erreicht hatte, konnten wir beide die wie rasend sich gebärdenden Pferde nicht mehr halten; sie machten rechts um, sprangen über den dort ziemlich breiten und tiefen Chausseegraben, während mein Kutscher, die Leinen nicht loslassend, unter die Pferde fiel. Der Wagen schlug um, und ich geriet zwischen Vorder- und Hinterrad in den Graben. Wären die führerlosen Pferde weiter gerast, so wären mein Kutscher und ich durch den Wagen zerschmettert worden. Glücklicherweise blieben sie mit der Deichselspitze an einem Apfelbaum, der die Spur noch trägt, hängen, und es gelang uns, die Pferde auszuspannen.

Peitschenhiebe für die Autofahrer

Ich habe kleine Quetschungen und ein Pferd eine leichte Verletzung davongetragen. Der Wagen ist verbogen. Das Automobil hielt erst in dem Moment, als meine Pferde über den Graben setzten. Als ich meiner Ansicht über das rücksichtslose Fahren der Automobilisten gehörig Ausdruck gab, erhielt ich erstens zur Antwort, ich müsse eben meine Pferde an die Autos gewöhnen, und zweitens hätten sie uns zwar gesehen, aber nicht so schnell halten können.

Der Zweck dieser Zeilen soll sein, ein öffentliches Urteil hervorzurufen, ob es recht ist, dass die große Mehrheit der Menschheit von einer kleinen Minderheit, die es liebt, mit Schnellzuggeschwindigkeit durch das Gelände zu sausen, terrorisiert wird, und bloß, weil irgendein Herr einen möglichst hohen Re-

kord an Kilometern in der Stunde erzielen will, Leib und Leben seiner Mitmenschen in Gefahr kommen. Zum Schluss bitte ich alle Leser, welche auch schon einmal Ähnliches erlebt haben, mir ihre Adresse mitzuteilen, womöglich unter Beifügung einer kurzen Schilderung desselben, um anhand einer Statistik an maßgebender Stelle um energischen Schutz der Pferde- und Gespannbesitzer gegen derartigen Unfug zu bitten." Prompt kam die Erwiderung, diesmal zur Abwechslung über einen rücksichtslosen Führer eines zweispännigen Fuhrwerks: „Zwei Ludwigsburger Herren, einem Radfahrer und einem Automobilfahrer, wäre unsägliches Unglück passiert, wenn nicht diese zwei Herren rechtzeitig ihre Fahrzeuge zum Anhalten gebracht hätten, da der Führer des Pferdefuhrwerks absolut nicht ausweichen und, auf seine strafbare Handlung aufmerksam gemacht, sofort mit seiner Peitsche auf einen der Herren einhauen wollte, während der zweite Herr mit der nicht redefaulen Frau des Bauern vollauf zu tun hatte."

Die ersten Motorwagen in Ludwigsburg konnten übrigens bei Heinrich Eichmann, Hospitalstraße 20, gekauft werden. Am 23. November 1901 veröffentlichte dieser in unserer Zeitung seine erste Anzeige.

Der farbige Bildtextband über den Ludwigsburger Marktplatz zum Jubiläum 300 Jahre Wochenmarkt.
Von Beate Volmari. 104 Seiten mit 154 meist farbigen Abbildungen. Fester Einband. € 19,90.

Schwätzbänkle ist eine Aktion der Ludwigsburger Kreiszeitung. In diesen beiden Bänden werden die schwäbischen Lieblingsbegriffe und -sprüche ausgewählter Zusendungen übersetzt und erklärt. Jeweils 64 Seiten, € 8,90.

Ausgewählte schwäbische Lieblingsbegriffe und schwäbische Lieblingssprüche werden auf diesen beiden Schwätzbänkle-Postern plakativ zusammengefasst. Format DIN A 1, in Schwarz oder Weiß erhältlich, jeweils € 8,90.

Geschichten und Bilder aus Ludwigsburg, süffisant und kenntnisreich geschrieben, ein Buch zur Unterhaltung, zum Staunen und Schmunzeln. Von Volker Gantner. 144 Seiten mit zahlreichen Abbildungen. € 16,90.

Sehen, Staunen, Erleben und Genießen an Neckar, Zaber, Enz und Bottwar, im Weinsberger Tal, am Heuchelberg, im Stromberg, Heckengäu und Kraichgau. Von Volker Gantner. 120 Seiten mit 127 farbigen Abbildungen. € 19,90.

Stolz präsentieren Leser der Ludwigsburger Kreiszeitung auf privaten Fotografien ihren ersten Motorroller, ihr erstes Auto oder Bilder vom ersten Urlaub und machen diesen Band so zu einem Zeitdokument. 120 Seiten mit 127 Abbildungen. € 12,90.

Schwäbisch-kulinarische Entdeckungen aus dem 19. Jahrhundert aus dem Nachlass der Urgroßmutter von Hermann Dengel, in Sütterlinschrift aufgezeichnet und in Normalschrift wiedergegeben. 240 Seiten mit zahlreichen Abbildungen. € 19,90.

Stadtg